Rudolf Steiner
Was ist eine „freie“ Schule?

Herausgabe, Vorwort und Kommentar
von
Johannes Mosmann

Institut für soziale Dreigliederung

3. Auflage

Institut für soziale Dreigliederung, Berlin 2015
Dieser Titel ist unter dreigliederung.de/essays auch als E-Book erhältlich

Layout: Markus Mosmann
Titelbild: Sylvain Coiplet nach einer Zeichnung von Rudolf Steiner
Lektorat: Werner Behrens
Druck und Bindung: CPI - Clausen & Bosse, Leck

ISBN 978-3-945523-11-7
www.dreigliederung.de

Inhaltsverzeichnis

Der Selbstverwaltungsbegriff Rudolf Steiners

„Wenn man sagt, wir könnten eine freie Schule errichten, könnten das aber nur erreichen, wenn wir staatlich abgestempelte Lehrer finden, so bezeugt das, daß man von der Sache nichts versteht. Denn das bedeutet nichts anderes als dieses, daß man stehenbleibt bei dem Alten und es nur im modernen Sinne auffrisiert, also den Leuten Sand in die Augen streut. Und dazu ist die Zeit zu ernst.“ Rudolf Steiner [1]

Was bedeutet das Wörtchen „frei“ im Namenszug einer „freien“ Waldorfschule? Was genau verstand Rudolf Steiner unter „Selbstverwaltung“? Angesichts von Klarheit und Fülle der Äußerungen Rudolf Steiners zum Begriff einer „freien“ Schule mag es überraschen, dass die Grundgedanken in vielen Waldorfschulen wenig bekannt sind. Doch der Selbstverwaltungsbegriff Steiners wurde, wenn überhaupt, lange Zeit vor allem durch die Brille der Sekundarliteratur gelesen. Das führte zu Missverständnissen, die einerseits mit Ursache der Krisen sind, die viele Waldorfschulen im Zusammenhang mit dem Thema Selbstverwaltung durchlebten, andererseits das Potential des Steinerschen Ideals untergruben. Tatsächlich glauben heute nicht wenige Waldorfpädagogen, Steiner habe die Schule als einen dreigegliederten Organismus betrachtet; Selbstverwaltung bedeute, dass sich der Lehrer nebenher noch im Schulverein engagiere, um die Finanzierung kümmere oder Ähnliches. Mit Selbstverwaltung in dem Sinn, wie sie Steiner beschrieb, hat all das jedoch allenfalls am Rande zu tun. Solche Nebensächlichkeiten gerieten

[1] GA 338 [16], S. 186-187, 4/1986, 17.02.1921

gleichwohl immer mehr zur Hauptsache, während dasjenige, was Steiner als Kernpunkt der Verwaltungsfrage skizzierte, weitgehend unangetastet blieb.

Mikrokosmos oder Makrokosmos

Nach meiner Erfahrung erwarten Waldorfpädagogen von einem Beitrag zum Thema soziale Dreigliederung in aller Regel die Beantwortung folgender Frage: Wie können wir Rudolf Steiners Sozialimpuls innerhalb unserer Einrichtung verwirklichen? Dass man in dieser Art nach einer praktischen Handhabe für die alltäglichen Herausforderungen der kollegialen Zusammenarbeit sucht, ist verständlich. Bei Rudolf Steiner wird man auf diese Frage jedoch keine Antwort finden, da sie selbst den Irrtum enthält, auf dessen Aufklärung Rudolf Steiners Sozialimpuls zielt. Die soziale Dreigliederung handelt von der Überwindung der betriebsinternen Perspektive und lässt sich innerhalb einer Institution grundsätzlich nicht verwirklichen. Die Umkehrung dieser sozialen Dreigliederung als angebliche betriebsinterne Harmonisierung zwischen einem vermeintlichen Meso- oder Mikro-Rechtsleben, Mikro-Wirtschaftsleben und Mikro-Geistesleben innerhalb der Schule ist das Werk gewisser Steiner-Rezensenten und Unternehmensberater aus den 70er und 80er Jahren, die damit den Wünschen der Waldorfpädagogen nach einer „praktischen", d.h. scheinbar im eigenen Betrieb anwendbaren Version des Steinerschen Sozialimpulses entgegenkamen.

Diese Bauchnabel-Variante der sozialen Dreigliederung ist das Paradigma sozialer Fragestellungen geworden und steht kaum mehr zur Debatte. Und weil man damit einem Steinerschen Programm gefolgt zu sein glaubt, schließt man nun vielerorts aus der eigenen Krise, das *Steinersche* Ideal passe nicht in unsere Zeit. In dieser

Verwechslung liegt die Tragik der jüngeren Geschichte der Waldorfschulbewegung. Der vermeintliche Utopismus Rudolf Steiners, den man in Wahrheit sich selbst zuschreiben müsste, wird immer häufiger zum Anlass genommen, sich nun ganz jenen Mechanismen zu überlassen, die tatsächlich überhaupt nicht mehr in unsere Zeit passen. Oder man schließt umgekehrt, nicht Steiners Idee, aber der Mensch sei unpassend - der Einzelne müsse mehr an sich arbeiten, müsse erst ein echter Anthroposph und damit reif für Steiners Selbstverwaltungskonzept werden. Doch auch diese Interpretation zeugt von Unkenntnis eben jenes Konzepts, dem man angeblich gerecht werden will. Die Methoden der Selbstverwaltung, wie sie Steiner beschreibt, sind für den gegenwärtigen Menschen gemacht. Sie sind ausdrücklich ihrerseits eine *Bedingung* für anthroposophisches Leben.

So drängend die Nöte auch sein mögen - jene unmittelbar auf die Lösung der internen Probleme zielende Motivation ist selbst der Schleier, der die tieferen Quellen des sozialen Lebens verbirgt und damit auch eine befriedigende Antwort auf die betriebsinternen Herausforderungen verhindert. Dabei könnte die Beschäftigung mit dem Steinerschen Sozialimpuls durchaus auch praktische Mittel für den Schulalltag liefern. Man müsste dafür allerdings einen Umweg in Kauf nehmen. Man müsste zunächst das geistige Interesse radikal umwenden. Denn Rudolf Steiners Thema ist die Welt. Er findet, dass sich in der Welt drei verschiedenartige soziale Prozesse unterscheiden ließen. Diese seien die Quellen dessen, was sich dann als „Gesellschaft", „Staat", aber auch als einzelne „Institution" äußere. Anstatt am Endergebnis herumzudoktern, müsse man zu den Quellen des sozialen Lebens vordringen. Dazu seien aber zuerst die Organe, durch welche jene drei Prozesse wahrnehmbar und gestaltbar würden, auf gesamtgesellschaftlicher Ebene auszubilden.

Die Erkenntnis des sozialen Organismus als Ganzem ermögliche dann umgekehrt auch die Standortbestimmung des eigenen Betriebes, und in diesem Zusammenhang die jeweilige Methode der „Selbstverwaltung".

Häufig hilft Rudolf Steiner dem Verständnis seiner Zuhörer durch einen Vergleich mit dem natürlichen Organismus: Selbstverständlich finden sich im menschlichen Haupt alle drei Prozesse des natürlichen Organismus, nämlich Zirkulation, Stoffwechselprozess und Nervenprozess. Aber die Zirkulation selbst ist nur Zirkulation, der Stoffwechselprozess nur Stoffwechselprozess, und der Nervenprozess nur Nevenprozess. Das Körperteil „Haupt" bildet sich, indem diese drei Prozesse so zusammenwirken, dass sie es zum Wohnsitz des Nervenprozesses machen. Zirkulationssystem und Stoffwechselsystem haben ihre Zentren aber jeweils in Brust- und Stoffwechsel-Gliedmaßenorganisation. Entsprechend komme es im sozialen Leben darauf an, die drei *sozialen* Prozesse zunächst einmal jeweils für sich zu fassen, das heißt, drei unterschiedliche Verwaltungsorgane auszubilden, damit jedes Glied „sich selbst verwalten" könne. Diese drei Organe nennt Rudolf Steiner demokratisches Rechtsleben, assoziatives Wirtschaftsleben und freies Geistesleben. Institutionen wie Banken, Schulen, Unternehmen etc. sind demgegenüber gewissermaßen die Körperteile, das heißt, die Ergebnisse der Art und Weise, wie die drei sozialen Prozesse zusammenwirken.

Wenn Rudolf Steiner also davon spricht, dass das Schulwesen sich auf den „eigenen Boden" stellen und „sich selbst" verwalten solle, so ist damit gemeint: Lehrer, Eltern und Schüler sollen zwischen sich etwas ausbilden, das weder Demokratie, noch ein Wirtschaftsprozess ist, sondern etwas Drittes (ich komme noch darauf), und allein aus diesem Dritten heraus sämtliche Urteile, Entscheidungen etc. des Alltags bilden, das heißt, die Schule aus dem „freien Geistesleben" heraus verwalten. Gelingt das, ist die Bildung frei. Steiner will also nicht die Institution „Schule" der Institution „Staat" entgegenstellen, sondern die *Grenzen der Wirksamkeit des Staates* und der Wirtschaft bestimmen, das heißt, das *Prinzip* demokratischer und ökonomischer Entscheidungsprozesse aus dem pädagogischen Arbeitszusammenhang ausschließen, aber *positiv*, nämlich indem sich diese ebenfalls jeweils selbst ergreifen.

Der Waldorflehrer, so Steiner, müsse auf allen drei Lebensgebieten tätig werden. Konkret heißt das: er soll zum einen im Schulzusammenhang eine freie Form der Zusammenarbeit entwickeln, und zwar so, dass die pädagogische Praxis weder demokratischen Beschlüssen, noch ökonomischen Notwendigkeiten folgt. Was in Bezug auf ein konkretes Kind zu tun sei, müsse an diesem Kind selbst erkannt werden, d.h. aber, könne nur durch den Pädagogen definiert werden, und auch nur durch denjenigen, der wahrnehmend mit diesem Kind verbunden sei. Alles, was irgendwie dem Prinzip der Gleichheit unterliege und somit verallgemeinere (z.B. Lehrpläne), sei Gift für die Bildung. Bildung beruhe auf der aktiven Zuwendung des Kindes zum „Stoff", und es gelte deshalb, im konkreten Fall dasjenige Mittel zu finden, das geeignet ist, diese Aktivität hervorzulocken. Kein wie auch immer gearteter Zwang dürfe mitsprechen, wo Menschen zum Zweck der Bildung zusammenkommen. Der Lehrer müsse durch sich selbst die Autorität für das Kind werden, oder er sei eben kein Lehrer. Niemals aber dürfe die Schwäche der eigenen Pädagogik dadurch kompensiert werden, dass das Kind in die Schule gehen „muss", dass der Lehrer sich also die Autorität des Staates leiht. Explizit spricht sich Rudolf Steiner deshalb für eine Abschaffung der Schulpflicht aus. Aber auch das Verhältnis von Lehrer zu Lehrer könne nur auf einer wechselseitigen Beratungsfunktion, niemals aber auf einer gemeinsamen „Satzung" oder Ähnlichem beruhen.

Daneben soll sich der Lehrer auch am Staatsleben beteiligen. Es erschließt sich schon aus Obigem, warum damit das Gegenteil eines Waldorf-Lobbyismus gemeint ist. Waldorf-Interessen können nur dann auf politischer Ebene geltend gemacht werden, wenn der Staat in der Bildung mitreden darf - genau das soll aber ausgeschlossen werden. Auch handelt es sich nicht um eine Inspirierung des Rechtslebens von Seiten des Geisteslebens, wie manche glauben. Das entspräche den heutigen Think-Tanks, ist der Steinerschen Denkweise jedoch diametral entgegengesetzt. Für Rudolf Steiner handelt es sich auf dem Gebiet des Rechtslebens um die konsequente Unterstellung von Gesetzgebung und Staatsgewalt unter ein Gremium, bei dem die Mitgliedschaft nun gerade die individuellen Fähigkeiten ausblendet, die einem vielmehr einfach dadurch zufällt, dass man ein bestimmtes Alter erreicht - das „Alle", die „Bürger" eines Landes. Hier *soll* sich der „Durchschnitt der Meinungen" aussprechen, weil es hier nicht um Wahrheit gehe, weder in Bezug auf die Entwicklung eines Kindes noch in irgendeiner anderen Hinsicht. Vielmehr handle es sich darum, dass Menschen im gegenseitigen Verkehr gewisse Gefühle entwickeln, die dann jedermann, ungeachtet seiner Individualität, sondern bloß Kraft seines Menschseins gleichermaßen aus der Brust quillen - das könne dann in Gesetze gegossen werden. (Damit soll nicht gesagt werden, dass ein freies Geistesleben nicht auch inspirierend auf das Rechtsleben wirkt. Aber das ist eben eine Frage des Geisteslebens, nicht des Rechtslebens. Es setzt die Selbständigkeit der Rechtsorganisation voraus. Ein direkter Einfluss irgendeiner geistigen Organisation auf das Gesetz, so Steiner, solle unterbunden werden - auch christliche Parteien wie z.B. die Zentrums-Partei (heute CDU) dürfe es nicht geben.)

Rudolf Steiner ist radikaler Demokrat und spricht deshalb von

Demokratie immer in expliziter Abgrenzung gegen diejenige Urteilsform, die innerhalb der Schule entwickelt werden solle, damit die pädagogische Praxis eben nicht einem demokratischen Urteil, sondern der individuellen Fachkompetenz unterliege und in diesem Sinn „frei" werde. Er unterscheidet drei mögliche soziale Urteilsformen: „Kollektivurteil" (Wirtschaft), „demokratisches Urteil" (Recht) und „individuelles Urteil" (Bildung). In der Natur des individuellen Urteils liegt es, dass es prinzipiell bereits im kleinen Kreis einer Schule möglich ist. Das Kollektivurteil dagegen, so Steiner, könne nur durch ein Assoziieren der *gegensätzlichen* Branchen zustande kommen (z.B. Landwirtschaft, Industrie, Bildung). Das sei gerade der Irrtum der modernen Zeit, dass man vom Betriebs-Standpunkt aus glaubt wirtschaften zu können. Detailliert entwickelt Steiner den praktischen Aufbau solcher Assoziationen, innerhalb derer dann auch die Schulen als Teil der Bildungsbranche vertreten sein sollten.

Mit der Umkehrung der sozialen Dreigliederung in eine Dreiteilung des Betriebs ist man schlicht der Bequemlichkeit entgegenkommen, sich nicht auf das soziale Leben einzulassen. Mit derlei Utopismus hat das, was Rudolf Steiner als soziale Dreigliederung anstrebte, nichts zu tun. Denn die Frage ist nicht, ob auch in der einzelnen Institution alle drei Prozesse wirken, das ist vielmehr selbstverständlich, sondern die Frage ist, wo diese drei Prozesse jeweils ihr Zentrum haben, von wo aus sie also ergriffen werden können, um sich jeweils „selbst" zu verwalten. Was in der Schule als Rechts- oder Wirtschaftsleben wirkt, ragt zwar hinein in die Schule, hat sein funktionales Zentrum aber wo ganz anders. Beide müssen an ihrem Quellort ergriffen werden, gerade damit sie nicht zerstörerisch in die Schule hineinwirken, sondern sich zugunsten der Entfaltung des Schullebens gewissermaßen zurückhalten.

Hier ist durch jene Rezensenten gründlich Verwirrung geschaffen worden. Auf verschiedene Weise glaubt man heute, innerhalb der Schulmauern ein „eigenes" Rechtsleben identifizieren zu können. Zum Beispiel besitzt man ja eine Rechtsform, etwa einen Verein. Im Steinerschen Sinne ist der Verein jedoch nicht Rechtsleben, sondern konserviertes Geistesleben, und zwar ein sehr altes Geistesleben. Das Vereinsrecht definiert bestimmte zwischenmenschliche Verhältnisse, sieht z.B. vor, dass ein Vorstand gewählt wird usw. Gesetzt ist das Vereinsrecht seinerseits aber nicht durch die Schule, sondern durch den Staat. Wenn Steiner nun fordert, jeder Waldorflehrer müsse in allen drei Gliedern des sozialen Organismus stehen, ist damit hinsichtlich des Rechtslebens nicht gemeint, dass jeder Lehrer immer wieder das staatlich vorgegebene Ritual der Vereinssitzung abhalten (obschon das aufgrund der Verhältnisse nötig sein kann), sondern dass er sich am Staatsleben als solchem beteiligen solle - gerade damit die Schule irgendwann nicht mehr nach Vereinsrecht, sondern aus der Logik des gegenwärtigen Geisteslebens heraus verwaltet werden kann.

Ähnlich liegt die Sache mit dem vermeintlich schulinternen „Wirtschaftsleben": Es ist richtig, dass sich Elternvereine und Unterstützerkreise bilden, dass Lehrer Einblick in die Finanzen nehmen usw., aber es führt zu einer völligen Verdrehung der Dreigliederung, wenn man diese Dinge mit dem Steinerschen Ausdruck „Wirtschaftsleben" gleichsetzt. Das Wort „Wirtschaftsleben" meint nicht „Finanzierungsfrage" des Geisteslebens. Was Steiner „Wirtschaftsleben" nennt, wird ausdrücklich erst im Verhältnis zwischen den Unternehmen und zwischen den Branchen betreten, im Hinblick auf das Gesamtbild der Konsuminteressen. Bei näherem Besehen verraten das jene wirtschaftlichen Elemente innerhalb der Schule selbst - wer sie wirklich dem Ideal der Brüderlichkeit unterstellen möchte, muss sich von ihnen erst zu dem wesentlich größeren Zusammenhang führen lassen, dessen Teil sie sind, muss verfolgen, wie zum Beispiel das Einkommen des Lehrers daran gekoppelt ist, welches Einkommen wiederum den Eltern zur Verfügung steht, und wovon dieses dann seinerseits abhängt, usw.; muss also letztendlich ein Interesse für die Lebenssituation von Menschen entwickeln, die mit der Schule unmittelbar gar nichts zu tun haben. Die wirtschaftliche Frage, so Steiner, lässt sich nur im Verhältnis der Branchen zueinander greifen, durch Assoziationen, an deren Bildung die Waldorfschulen sich beteiligen sollten.

Gleichwohl ist es richtig, dass auch das Geistesleben über die Schulmauern hinausweist, sofern nämlich jedes Individuum auch in geistiger Beziehung mit Menschen außerhalb der Schulmauern steht und das pädagogische Urteil letztendlich aus diesem Beziehungsgeflecht heraus verstanden werden muss. Trotzdem liegt die Sache hier grundsätzlich anders. Die Mitwirkung dieses geistigen Umfelds am Urteil des Pädagogen kann nämlich nicht so verstanden werden, als sei das Urteil deshalb das Produkt der verschiedenen Meinungen, so wie z.B. das demokratische Urteil das Produkt oder besser der Durchschnitt der Meinungen im Volk ist bzw. sein sollte. Die letzte Instanz des Geisteslebens ist die Intuition des Einzelnen, und wenn auch ein größerer Zusammenhang die Möglichkeit der individuellen Intuition fördern mag, so ist sie dadurch nicht weniger die freie Tat des Individuums, in die alles das einfließt, was allein in der persönlichen Befähigung liegt. Es ist deshalb gerade eine Besonderheit des Geisteslebens, dass sein Zentrum durchaus innerhalb der Schulmauern liegen kann - vorausgesetzt, die Schulgemeinschaft tritt in ein dynamisches Verhältnis zu Rechts- und Wirtschaftsleben.

Das Urbild kollegialer Selbstverwaltung

Der Ausdruck „dreigliedriger sozialer Organismus“ handelt in Rudolf Steiners Werk immer von der Gesellschaft insgesamt. Auch der heute gebräuchliche Terminus „kollegiale Selbstverwaltung“ oder ein anderer speziell auf die Waldorfschule bezogener Selbstverwaltungsbegriff existiert in diesem Werk nicht. Vielmehr steht der Begriff der „Selbstverwaltung“, sofern er die Schule betrifft, im Kontext der Dreigliederungsbewegung, an der die Lehrer der ersten Waldorfschule aktiv beteiligt waren. So erklärt sich auch, warum das Thema Selbstverwaltung innerhalb des pädagogischen Werks auf vage Andeutungen beschränkt bleibt - die Waldorfschule war ein Kind der Dreigliederungsbewegung von 1919; was Rudolf Steiner mit „Selbstverwaltung“ auf dem Gebiet des Schulwesens anstrebte, war allen Beteiligten durch seine Schilderungen über ein freies Geistesleben bekannt. Dank der einzigartigen Arbeit der Nachlassverwaltung umfasst das Dreigliederungswerk inzwischen 24 GA-Bände, so dass auch der heutige Leser jene Andeutungen in ihren Kontext stellen kann.

Rudolf Steiners Kritik an einem staatlichen Bildungssystem ist keine Kritik am Staat. Er stellt deshalb auch klar, dass es ihm bei dieser Kritik nicht darauf ankomme, ob der Staat z.B. eine Monarchie oder eine echte Demokratie sei - in *keinem Fall* dürfe das Rechtsleben Einfluss auf das Bildungswesen nehmen, wenn sich beide Gebiete, Staatsleben und Bildungswesen, gesund entwickeln sollen. Steiners Selbstverwaltungsbegriff kann deshalb sogar am leichtesten nachvollzogen werden, wenn man die eigene Kritik am gegenwärtigen Staat einmal zurückhält - angenommen, es handle sich um den Ideal-Staat, vielleicht um eine direkte Demokratie, und auch die Minister entsprächen den höchsten Idealen der Menschheit.

Warum geht laut Steiner das Bildungswesen zu Grunde, wenn ein solcher Staat im Bildungswesen mitsprechen darf?

Das Ergebnis demokratischer Prozesse ist immer ein Gesetz, Beschluss oder Ähnliches. Daran gekoppelt ist außerdem immer der Polizeiapparat, denn wenn das demokratische Recht nicht bindend wäre, wäre es keines. Wird die Demokratie mit dem Bildungssystem verknüpft, bestimmen notwendig Gesetze, Verordnungen, Zertifikate usw., wer sich „Lehrer“ nennen darf, was ein Schüler zu „lernen“ hat oder was als Schule „anerkannt“ ist. Wer die allgemein gültigen Normen nicht beachtet, darf weder lehren noch lernen, und wenn er es doch tut, schreitet der Gesetzeshüter ein. Das heißt, die höchste Autorität *dieser* Hierarchie ist letztendlich immer die äußere, physische Gewalt. Man kann diese Konstruktion als „mechanisiertes Anerkennungsverfahren“ bezeichnen, welches heute das „Anerkennen“ als individuelle Aktivität ersetzt. Ein demokratisches Bildungssystem setzt *notwendig* an die Stelle der freien Anerkennung die rechtliche Abhängigkeit. Strukturbildend wirkt dann vom Schüler bis hinauf zum Kultusminister, dass einer ein Recht besitzt, und der andere dieses Recht braucht, um tätig werden zu dürfen. Außerdem braucht ein demokratisch verordnetes „Bildungsangebot“ weder die Nachfrage des Lehrers noch die des Schülers und ist daher entwicklungsresistent. Der Schüler lernt, wenigstens scheinbar, weil er lernen soll, was „die Demokratie“ von ihm verlangt.

Den Sozialismus, den man auf anderen Gebieten (wo er vielleicht Sinn machen würde) verteufelt, hat man im Bildungswesen umgesetzt. Wer einmal die Didacta besucht und erlebt hat, wie Konzerne von Cornelsen bis Microsoft um die Gunst der durcheilenden Minister buhlen, ahnt, wie profitabel eine gesetzlich erzwungene Abnahme der „Bildung“ durch den Endkonsumenten „Kind“ ist. Allerdings kann dieses System die freie Anerkennung niemals ganz unterdrücken, so dass der Schüler auch „trotz“ eines staatlichen Bildungssystems noch etwas lernt, wie Steiner bemerkt. Aber es macht sich fast 100 Jahre nach Steiners Tod doch auch gerade in der Schule immer deutlicher bemerkbar, welche tiefere Lektion das Hereintragen der Demokratie in das Geistesleben beinhaltet. Unbewusst, zunehmend aber auch bewusst, weiß der Schüler, dass es auf die „Autorität“ des Lehrers nicht ankommt, weil der Lehrer sich diese ja nur beim Staat geborgt hat. Der Schüler weiß: Der Lehrer ist ein Rechtsabhängiger wie ich auch. Wenn ich durchschaue, was der Lehrer von mir hören muss, bekomme ich gute Noten, und dann komme ich vorwärts. Sowohl der Stoff als auch der Lehrer selbst werden Mittel zum Zweck des persönlichen Egoismus. *Diese* Schein-„Bildung“ entzieht später gerade dem demokratischen Rechtsleben den Boden.

Rudolf Steiner sieht in der Zersetzung des Bildungsprozesses durch staatliche oder dem Staat abgekupferte Mechanismen eine der Hauptursachen des sozialen Verfalls, letztendlich auch des Staates selber. Er will das System deshalb umkehren („auf die Füße stellen“, wie er sagt). Staat und Wirtschaft, so Steiner, müssen auf den sich entwickelnden Menschen bauen. Von den zukünftigen Menschen hängt ab, was einmal „Recht“ sein wird und wie sich die wirtschaftlichen Verhältnisse gestalten. Das Kind selbst muss deshalb in den Mittelpunkt der Erziehung gerückt werden, und nicht die Lebensvorstellungen der Erwachsenen. In den Anlagen des Kindes liegt grundsätzlich etwas, das über die Weisheit der bestehenden Verhältnisse hinausgeht. Die Erziehung des Menschen nach Interessen des bestehenden Staates oder der gegebenen Wirtschaftsverhältnisse zu gestalten, hieße, dem zukünftigen Staat und der zukünftigen Wirtschaft die Lebenskräfte entziehen.

Angenommen nun, es gibt plötzlich keine äußerliche Berührung zwischen Rechts- und Bildungsprozessen mehr. Es gibt z.B. keine Definition dessen, was ein „Lehrer" ist, keine allgemeinen Anforderungen, anhand derer „Lehrgenehmigungen" erteilt oder entzogen werden könnten. Irgendein „Recht" zu unterrichten kann weder besessen noch verliehen werden. Wer ein „Lehrer" ist, was und wie er zu unterrichten hat, auf wen er seinerseits hört usw., all das muss sich vielmehr in der individuellen Begegnung erst zeigen. Mehrkosten oder eine höhere Belastung der Familien entstehen dadurch nicht, weil somit auch die staatliche Finanzierung für das Bildungswesen und damit die entsprechende Steuerbelastung für den Einzelnen entfällt. Der Einzelne kann jetzt dasjenige, was er heute dem Staat für die Finanzierung des Bildungssystems als Steuer zu entrichten hat, individuell dorthin geben, wo er eine fruchtbare Erziehung erlebt („Schenkgeld"). Wird in diesem Sinn das Geistesleben „befreit", ist ein Mensch insofern und solange „Lehrer", als er sich aufgrund der täglichen, bis ins Finanzielle hinein erfahrenen Anerkennung durch Schüler, Eltern und Kollegen halten kann. Ein solcher Lehrer ist frei. Er kann selbst entscheiden, was er im Unterricht tut und wie er es tut. Aber er ist nicht mehr unabhängig von Schülern, Eltern und Kollegen. Vielmehr ist er nun zum ersten Mal abhängig vom Urteil jedes einzelnen Individuums, mit dem er real in Beziehung tritt. Das ist der Freiheitsbegriff Rudolf Steiners im sozialen Zusammenhang.

„Es muß so innerhalb des sozialen Organismus dieses geistige Leben stehen, daß es auch in völlig freie Konkurrenz gestellt ist, daß es auf keinem Staatsmonopol beruht, daß dasjenige, was das geistige Leben als Geltung sich verschafft bei den Menschen - was es für den einzelnen individuellen Menschen für eine Geltung hat, das ist eine andere Sache, wir reden von der Gestaltung des sozialen Organismus - daß das auf völlig freier Konkurrenz, auf völlig freiem

Entgegenkommen den Bedürfnissen der Allgemeinheit einzig und allein sich offenbaren kann. Mag irgend jemand in seiner Freizeit dichten, so viel er will, mag er auch Freunde finden für diese Dichtung, so viel er will - das, was berechtigt ist im geistigen Leben, ist allein das, was die anderen Menschen miterleben wollen mit der einzelnen menschlichen Individualität. Das aber wird auf eine gesunde Basis nur gestellt, wenn man alles geistige Leben, alles Schul- und Universitätsleben, alles Erziehungsleben und alles Kunstleben des staatlichen Monopolisierungscharakters entkleidet und auf sich selbst stellt - wie gesagt, nicht von heute auf morgen.“ [2]

Im Sinne der „Philosophie der Freiheit“ kann der Mensch auch im Gefängnis frei sein. Im Sinne der „Kernpunkte der sozialen Frage“ ist er in dem Maß frei, in dem das Ich zum Nadelöhr aller zwischenmenschlichen Verhältnisse gemacht wird. Ein Mensch, der auf einen anderen als Pädagoge wirken möchte, muss sich von der Zuwendung dieses anderen abhängig machen. Diese Zuwendung ist die einzig mögliche Rechtfertigung für die Position als „Lehrer“. Wer sie nicht erhält, darf sich nicht durch Gewaltmaßnahmen, sei es durch ein Recht, sei es durch eine Schulpflicht, sei es durch allgemeine Steuermittel halten können, sondern muss durch die Verhältnisse genötigt sein, in einen anderen Beruf zu wechseln. Dieses Prinzip verfolgt Rudolf Steiner nicht nur innerhalb der kleinen Gemeinschaft, sondern in allen kulturellen, wissenschaftlichen oder religiösen Angelegenheiten, also auch in Bezug auf das Volkstum. Der Staat dürfe z.B. nichts für den Erhalt der „eigenen“ Sprache tun. Dann könne sich jede Kulturgewohnheit nur in dem Umfang verbreiten, in dem ihr der freie Wille des Individuums entgegenkomme. Es entstehe eine Konkurrenzsituation, bei der nun jede geistige Pflanze gewissermaßen erst im Ich des anderen Wurzeln schlagen muss, um wachsen zu

[2]GA 328 [5], S. 63-64, 1/1977, 10.02.1919

können. Das Ich wird das Maß allen Wachstums. Und nur das ist im Steinerschen Sinn reales, „geistiges" Wachstum. Wo Menschen dagegen ihr Geistesgut durch den Mechanismus von „Dürfen" und „Nicht-Dürfen" glauben sichern zu können und als Ersatz für die freie Menschenverbindung auf das Recht zurückgreifen, stirbt der Geist.

Rudolf Steiner skizziert die Ausbildung einer Urteilsform, die dem demokratischen Urteil polar entgegengesetzt ist. Das demokratische Urteil bezieht sich auf einen Inhalt, über den dann abgestimmt wird. Das Geistesleben dagegen beruht auf dem umgekehrten Prozess. Der Einzelne muss sich sagen können: An dieser Stelle entscheide ich nicht über den Inhalt. Mein Kollege ist hier eher befähigt, eine Entscheidung zu treffen. Das heißt, das Urteilen bewegt sich nicht mehr auf der Inhaltsebene, sondern auf der Begegnungsebene. Sobald innerhalb des Geisteslebens sowohl die Abstimmung über Inhalte als auch die demokratische Legitimation der Posten ausgeschlossen ist, bildet sich eine *„Hierarchie"* entsprechend den individuellen Anerkennungsverhältnissen, die nun nicht mehr definiert werden kann, sondern sich gewissermaßen von unten, aus der konkreten Anerkennung des jeweils anderen, täglich neu baut und bei der ein und derselbe Kollege in einer bestimmten Sachfrage „oben", in einer anderen dagegen „unten" stehen kann - Posten werden im Geistesleben nicht „gewählt", sondern „erkannt". Aus der gelebten Erkenntnis des Nächsten in der konkreten Begegnung ergeben sich dann auf dem Gebiet des Geisteslebens alle gegenseitigen Verhältnisse, d.h. die jeweiligen Positionen und damit die äußere Verwaltungsstruktur einer Schule. Rudolf Steiner:

„Ich habe ja nichts gesagt über die Autorität, die für den Lehrer notwendig sein wird, sondern ich habe davon gesprochen, daß der Lehrer eine Autorität für das Kind sein soll! Ob für den Lehrer

eine Autorität notwendig wäre, ist eine weitaus andere Frage, die sich dadurch beantwortet, daß schließlich das Leben selbst dafür sorgen wird. Beachten Sie nur das Leben, wie es ist, das beachtet man heute viel zu wenig. Beachten Sie es nur lebensgemäß und wirklichkeitsgemäß, so werden Sie sich sagen: Ja, die Menschen sind voneinander so verschieden, daß schließlich jemand, der in der allermannigfaltigsten Art eine Autorität sein kann, doch noch immer eine Autorität über sich finden wird. Dafür wird schon gesorgt sein, daß immer einer noch eine Autorität für sich finden kann. Nun, nicht wahr, dieses braucht nicht zu führen bis zu einer höchsten Spitze. Es kann einer einfach dadurch eine Autorität sein, daß er einem in anderen Dingen überlegen ist. Wenn ich von Klopstocks «Gelehrtenrepublik» gesprochen habe, so bedeutet das nicht, daß jeder nun tun wird, was er will: Er wird vielmehr gerade nicht einfach tun, was er will, sondern aus den Bedürfnissen des Geisteslebens heraus, um dieses möglichst fruchtbar zu gestalten, wird wieder das Hinneigen zu denjenigen, die einmal eine Autorität sein sollen, ein freiwilliges sein. Eine «Verfassung», die aber nicht beruht auf starren Gesetzen, auf knöchernen, staatlichen Verordnungen, eine Verfassung kann schon gedacht werden im freien Geistesleben; nur wird sie sich auf die realen, die lebendigen Verhältnisse der Menschen beziehen, die an diesem Geistesleben teilnehmen. Das «Gesetz» muß allerdings auf diesem Boden erst ersetzt werden durch die freien menschlichen Verhältnisse, die ja individuell sind und sich immer von Woche zu Woche ändern können, und die durchaus nicht durch starre Gesetze gebunden und in irgendeiner starren Form verewigt werden können.“ [3]

Jede Begegnung beruht auf einer Hierarchie: rein äußerlich dadurch, dass der eine spricht, während der andere zuhört, seelisch dadurch,

[3] GA 330 [10], S. 326-327, 2/1983, 19.06.1919

dass der eine den anderen anerkennt, sein Wort achtet und aufnimmt, geistig dadurch, dass er es denkend durchdringt und zum eigenen Besitz macht. Der Zuhörende braucht deshalb in keiner Beziehung unter dem Sprechenden zu stehen, solange bloß die natürliche Hierarchie der Begegnung wirkt, das heißt die Tatsache, dass der eine etwas besser kann oder weiß als der andere. Die Aktivität (und damit die „Macht") liegt in Wahrheit auf Seiten des Zuhörers, der seine Anerkennung jederzeit auch wieder versagen und sein Interesse einem anderen zuwenden kann. Dieser Bildungsprozess, wie er in der Natur der menschlichen Begegnung begründet ist, ist für Rudolf Steiner zugleich das *einzige* berechtigte Organisationsmittel für das gesamte Geistesleben.

Rudolf Steiners Freiheitsbegriff handelt von der Rückgewinnung der individuellen Herrschaft über den Prozess der Autoritätsbildung. Heute ist der Prozess der Autoritätsbildung dem menschlichen Willen weitgehend entzogen. Als „Autorität" wird hingenommen, wer nach staatlichen Vorgaben Autorität „ist". Der Patient z.B. lässt sich vom Arzt behandeln, weil dieser „Arzt ist", und schluckt das Medikament, dessen Wirksamkeit „bewiesen ist". Rudolf Steiner möchte das umkehren: Die Definition „Arzt" soll in Zukunft nichts weiter beinhalten als die Tatsache, dass die betreffende Person sich durch das Gesundwerden ihrer Patienten auch finanziell halten kann. „Sachliche Abhängigkeiten" müssten an die Stelle der „rechtlichen Abhängigkeiten" treten. Zwar räumt Steiner ein, dass selbstverständlich nicht jeder auf dem Fachgebiet des anderen urteilsfähig sei. Es müsse aber jeder dahin kommen, selbst zu beurteilen, ob er den anderen überhaupt als Fachmann anerkennen möchte, statt auf einen Stempel zu bauen. „Freies Geistesleben" meint also nicht, dass jeder in den Fachbereich des anderen hineinredet (das wäre ein demokratisches Geistesleben), sondern dass umgekehrt jeder beurteilen lernt, wo er besser dem anderen das Urteil überlässt. Der Mensch müsse reif werden, sich ein „Bild“ seines Nächsten zu machen. Dieser Gedanke *ist* der Selbstverwaltungsbegriff in Bezug auf die freie Waldorfschule. Wer sich unmittelbar auf ihn selbst einlässt und ihn nicht nur in der verkümmerten Gestalt eines Add-ons („Delegationsprinzip“, „Einmütigkeitsprinzip“ usw.) kennen lernt, besitzt das gesamte Verwaltungswerkzeug im Steinerschen Sinn.

Auch Zertifikate sind in einem freien Geistesleben durchaus denkbar. Wenn z.B. ein Lehrer, der sich allein aufgrund der unmittelbaren Anerkennung von Eltern, Kollegen und anderen Fachleuten an seinem Platz halten kann, über die Befähigung eines jungen Menschen zum Lehrerberuf urteilt, dann gibt ein solches Urteil mehr Orientierung als jedes „Recht“. Im Unterschied zum Recht wird aber niemand gezwungen sein, sich an diese Orientierung zu halten. Falls also der junge Mensch Eltern und Kollegen findet, die mit ihm arbeiten wollen trotz eines fehlenden „Zertifikats“ seitens einer anerkannten Lehrerpersönlichkeit, kann er das tun. Diese prinzipielle Freiheit, so Steiner, sei bei aller berechtigter Sorge notwendig, wenn nicht die Zukunft von der Vergangenheit tyrannisiert werden solle. (Anders gestaltet sich natürlich die Situation in dem Augenblick, da das Handeln des Lehrers strafrechtlich relevant wird: selbstverständlich soll der Staat Verstöße gegen die Menschenrechte ahnden. Aber das betrifft den Lehrer wie jeden anderen Menschen auch. Rudolf Steiner will nicht den Lehrer vom Rechtssystem ausnehmen, sondern ihn auf den Boden des allgemeinen Menschenrechts stellen - der Staat hat die individuelle Freiheit zu schützen, notfalls mit Gewalt. Deshalb darf er aber seinerseits nicht auf die Freiheitssphäre übergreifen, indem er neben das allgemeine Menschenrecht noch ein „Schulgesetz“ stellt.)

„Dann ist die ganze Waldorfschul-Bewegung für die Katz"

Irgendeine Insellösung für die einzelne Einrichtung betrachtete Rudolf Steiner als Utopie. Ohne eine Umgestaltung der gesellschaftlichen Verhältnisse insgesamt könne es auch keine „freie Waldorfschule" geben. Dass Rudolf Steiner 1919 selbst die erste „freie Waldorfschule" mitbegründete, steht dazu nicht im Widerspruch, ganz im Gegenteil - diese war Teil der Bewegung für soziale Dreigliederung und fand in Stuttgart besondere rechtliche und wirtschaftliche Verhältnisse vor. Rudolf Steiner:

„Denn nicht darauf kann es ankommen, innerhalb des gegenwärtigen Systems Schulen zu gründen, in denen man Surrogate des Unterrichts schafft, indem man einfach glaubt, den Kurs befolgen zu können, den ich gegeben habe, sondern darauf kommt es an, daß man das Prinzip verfolgt auf diesem Gebiet: Freiheit im Geistesleben. - Dann ist mit einer solchen Schule ein Anfang der Dreigliederung gemacht. Rufen Sie daher in den Leuten nicht falsche Vorstellungen hervor, indem Sie ihnen den Glauben beibringen, man könne brav in den alten Verhältnissen bleiben und trotzdem Waldorfschulen gründen, sondern rufen Sie die Vorstellung hervor, daß in der Schule in Stuttgart wirklich freies Geistesleben ist. Denn da gibt es kein Programm und keinen Lehrplan, sondern da gibt es den Lehrer mit seinem realen Können, nicht mit der Verordnung, wie viel er können soll. Man hat es mit dem wirklichen, realen Lehrer zu tun. Es ist noch immer besser, wenn man einen schlechteren wirklichen Lehrer ins Auge faßt, als wenn man einen ins Auge faßt, der einfach in der Verordnung drinnen steht, der nicht real ist." [4]

Kein Programm, kein Lehrplan, keine Verordnung - das ist in Bezug

[4] GA 338 [16], S. 125-126, 4/1986, 15.02.1921

auf die von Rudolf Steiner begründete freie Waldorfschule von 1919 wörtlich zu nehmen. Rudolf Steiner betont allerdings, dass dies nur aufgrund einer Gesetzeslücke in Baden-Württemberg möglich gewesen sei, die dann kurz darauf geschlossen wurde, was die Gründung weiterer „freier" Schulen nicht mehr erlaube. Heute, fast 100 Jahre später, existieren trotzdem weltweit 1026 Waldorfschulen, die „innerhalb des gegenwärtigen Systems" als „Surrogate des Unterrichts" gegründet wurden, deren Lehrer sich „Lehrplänen" und „Programmen" fügen müssen und die sich kaum als Vorhut der Befreiung des Geisteslebens insgesamt verstehen, geschweige denn in diesem Sinn gesellschaftspolitisch aktiv werden. Letzteres war für Rudolf Steiner unvorstellbar:

„Wenn diejenigen, die schwärmen für die Ideen der Waldorfschule, nicht einmal soviel Verständnis entwickeln, daß ja dazu gehört, Propaganda zu machen gegen die Abhängigkeit der Schule vom Staat, mit allen Kräften dafür einzutreten, daß der Staat diese Schule loslöst, wenn sie nicht auch den Mut dazu bekommen, die Loslösung der Schule vom Staat anzustreben, dann ist die ganze Waldorfschul-Bewegung für die Katz, denn sie hat nur einen Sinn, wenn sie hineinwächst in ein freies Geistesleben. Zu alledem brauchen wir das, was ich nennen möchte ein internationales Streben für jegliches Schulwesen, aber ein internationales Streben, das nicht etwa bloß jetzt in der Welt herumgeht und überall Grundsätze verbreitet, wie Schulen eingerichtet werden sollen - das wird schon geschehen, wenn vor allen Dingen die Gelder beschafft werden für solche Schulen." [5]

Anstatt durch „Propaganda" für ein freies Geistesleben auch die freiwillige Zuwendung der Menschen zu gewinnen, die wirklich Freiheit wollen, bauen die heutigen Waldorfschulen fast ausnahmslos

[5]GA 337b [29], S. 248, 1/1999, 12.10.1920

(eine Ausnahme bilden z.B. die us-amerikanischen Waldorfschulen) auf staatliche Zuschüsse, damit die eigenen „Grundsätze“ innerhalb des bestehenden Systems umgesetzt werden können. Auch das soll hier nicht gewertet, sondern wieder nur festgestellt werden, um dem Steinerschen Selbstverwaltungsbegriff näher zu kommen. Rudolf Steiner betrachtete die Steuer nämlich als „Zwangsschenkung“ und schloss Steuergelder als mögliche Finanzierungsquelle für eine *freie* Schule grundsätzlich aus. Über Lehrer, welche mit einem solchen Gedanken nicht zurechtkämen, äußerte er sich unmissverständlich:

„Man kann es ja begreifen, daß die, welche als lehrende oder erziehende Persönlichkeiten in diesem Geistesleben drinnen stehen, eine gewisse Angst haben, wenn ihnen der Staat nicht mehr ihre Löhnung auszahlte. Was sollen sie dann machen? Ja, das gehört zu jenen Erfahrungen, die man leider in der Gegenwart so häufig macht ... Die Menschen sehen nicht das gegenwärtige Leben an, sie haben heute noch Illusionen über die Haltbarkeit der jetzigen Verhältnisse, sie wollen sich nicht aufschwingen zu Vorstellungen von einer wirklichen Neugestaltung, und dann fragen sie einen: Ja, sage mir einmal, wie wird sich das, was ich als das Alte gewohnt bin, in der Neuordnung ausnehmen? In einer solchen Frage liegt eigentlich nichts Geringeres als die Forderung: Wie revolutionieren wir die Welt so, daß alles beim alten bleibt? Und wenn man keine Antwort gibt auf die Frage: Wie wird sich das Alte in der Neuordnung ausnehmen? dann sagen die Leute: Was du da sagst, das ist mir ganz unverständlich! - So ungefähr ist es auch, wenn nun diejenigen, die im Erziehungs- und Unterrichtswesen beschäftigt sind, ihre große Sorge damit haben, wie sich ihre wirtschaftliche Position gestalten soll.“ [6]

[6] GA 330 [10], S. 286-287, 2/1983, 18.06.1919

Entsprechend trug sich die von Rudolf Steiner begründete erste Waldorfschule ausschließlich durch Spenden und Patenschaften, und zwar nicht allein von Eltern, sondern vor allem auch von Dritten. 26 Jahre nach Rudolf Steiners Tod beantragte sie dann zum ersten Mal staatliche Unterstützung. Von den 14,2% im Jahr 1951 für die Freie Waldorfschule Uhlandshöhe stieg der Anteil des Staates an der Finanzierung der Waldorfschulen bis heute auf meist über 70%, während der Anteil freier Zuwendungen entsprechend sank.[7] Dadurch wurden die Waldorfschulen allerdings nicht „öffentlicher", sondern im Gegenteil: War die erste Waldorfschule noch ein Angebot vornehmlich für die Kinder der Arbeiterschicht, so wird sie heute fast ausschließlich von Angehörigen des Bürgertums besucht.

Der Steinersche Freiheitsbegriff beinhaltet, wie oben dargelegt, dass sich Positionen und Berufs-Definitionen nicht aus der Erfüllung irgendwelcher Standards, sondern nur aus der individuellen Anerkennnung der betroffenen Menschen ergeben sollen. Dementsprechend nennt er als weiteres wesentliches Merkmal einer „freien" Schule die Möglichkeit, auch solche Menschen als „Lehrer" beschäftigen zu können, die nach den Kriterien des Staates keine Lehrer sind. Rudolf Steiner betont, dass er 1919 in Baden-Württemberg besondere rechtliche Verhältnisse vorfand, die eine freie Lehrerwahl erlaubten, ungeachtet ihrer Ausbildung. Tatsächlich besaßen nur vier der zwölf um Rudolf Steiner versammelten Lehrer einen staatlich anerkannten Abschluss. Bereits im Jahr 1923 erklärt Rudolf Steiner:

„Das, wodurch wir die Möglichkeit des Bestehens haben, das ist eine Lücke im württembergischen Volksschulgesetz gewesen, daß man Schulen einrichten konnte ohne staatlich genehmigte Lehrerschaft.

[7] Vgl. Esterl, Dieter: Die erste Waldorfschule, Edition Waldorf 1/2006, S. 187

Das hätten wir nicht erreichen können, wenn wir eine Mittelschule hätten errichten wollen. Die Behörde hätte dann in Württemberg geprüfte Lehrer verlangt. Wir leben von einer Lücke im Gesetz, die bestand vor der „Befreiung" Deutschlands, im alten Regime. Heute könnte man auch hier nicht mehr eine Waldorfschule errichten. Jetzt duldet man uns, weil man sich geniert, uns nicht zu dulden. Aber alle die Schulen, die heute anderswo versucht werden, im Grunde ist es Mumpitz. Die müssen Lehrer haben, die geprüft sind. Es wird keine zweite Waldorfschule mehr gestattet unter den gegenwärtigen Verhältnissen." [8]

Interessant ist in diesem Zusammenhang auch, wie Rudolf Steiner einmal die Frage beantwortete, wovon es abhänge, ob man weitere „freie" Waldorfschulen gründen könne:

„Ich wurde zum Beispiel jüngst aufgefordert, Lehrer zu bestellen für eine Art anfänglicher Schule an einem anderen Ort, und ich sagte, wir müssen natürlich einmal die Probe machen. Ich bestellte zwei sehr tüchtige Lehrkräfte zunächst für die erste Klasse, die aber kein Examen gemacht haben, damit man sehen kann, ob die Leute solche Lehrkräfte durchsetzen können. Es ist ja in der Waldorfschule durchaus nicht ausgeschlossen, daß auch Lehrer angestellt werden, die das Examen nicht gemacht haben ... Wir müssen nicht Winkelschulen errichten wollen, sondern wir müssen überall die Möglichkeit schaffen, eine freie Schule in dem heute geschilderten Sinne zu errichten." [9]

Rudolf Steiner verwendete den Ausdruck „freie Waldorfschule" nicht, wo eine staatliche Genehmigung der Lehrer hingenommen werden musste. Man sieht also, wie konkret Rudolf Steiner das oben skiz-

[8] GA 300c [3], S. 49, 4/1975, 03.05.1923
[9] GA 297a [27], S.40-41, 1/1998, 24.02.1921

zierte Ideal eines freien Geisteslebens in der Praxis verfolgte. Diese Dinge waren für ihn nicht verhandelbar. Immer wieder äußerte er sich in ähnlicher Weise über die Grundvoraussetzungen einer „freien" Schule - freie Finanzierung, keine Lehrpläne oder andere Vorschriften, und kein Zwang, staatlich „abgestempelte" Lehrer zu beschäftigen. Dass manche dennoch vermuten, Steiner habe seine radikale Haltung später revidiert, könnte daran liegen, dass er zwar einerseits sehr schnell nicht mehr an die Möglichkeit zur Gründung weiterer „freier" Waldorfschulen glaubte, offenbar aber an eine Verbreitung der Waldorfpädagogik auch innerhalb *unfreier* Verhältnisse.

Interessant sind diesbezüglich z.B. Rudolf Steiners Bemühungen um die Gründung einer Freien Waldorfschule in der Schweiz. Die Schweizer, so Steiner, würden aufgrund ihres „Staatsbewusstseins" kaum verstehen können, was eine freie Schule sei. Man müsse hier deshalb andere Wege gehen. Zwar gelingt es ihm, das Verständnis des Regierungsrats Fritz Hauser für das Vorhaben der Gründung einer freien Waldorfschule in Basel zu gewinnen. Dennoch spricht sich Rudolf Steiner vor seinen Mitstreitern gegen die Verwendung des Wortes „Freiheit" im Namen der Baseler Waldorfschule aus. Dabei gibt er allerdings eine Begründung, die über rein taktische Gesichtspunkte hinausgeht. Diese und andere späte Äußerungen legen vielmehr den Schluss nahe, dass Rudolf Steiner nach der Schließung der „Lücke" im Gesetz und für bestimmte Orte auch den Weg der Befruchtung staatlicher Schulen durch Waldorfpädagogik propagierte.

Neutralisierung der Rechtsform

Sobald mehrere Menschen zusammenarbeiten, betrachtet der Staat sie als „juristische Person" und definiert somit die Verhältnisse der Mitglieder dieser Gemeinschaft zueinander. Immerhin hat man heute die Wahl zwischen ein paar Varianten, z.B. Verein, GmbH, Genossenschaft usw. Wie oben angedeutet, greift die Staatsgewalt damit auf das Geistesleben über. Dagegen wendet sich Rudolf Steiner. Er spricht von einem Fortleben des antiken Sklavenrechts innerhalb der Hohlform des „demokratischen Staats" und fordert die Abschaffung der „juristischen Person" - Recht herrsche erst, wenn in Zukunft der Einzelne, und nicht mehr eine Rechtsgemeinschaft dem Staat gegenüberstehe. Sehr deutlich fasst Steiner diesen Gedanken etwa am Beispiel der Steuer, die folglich auch nicht mehr von Unternehmen, sondern nur von Privatpersonen abgeführt werden könne:

„Sehen Sie, ein Begriff wird in der Zukunft ganz verschwinden müssen, der Begriff der juristischen Persönlichkeit, auch der wirtschaftlich-juristischen Persönlichkeit. Es wird tatsächlich das, was an Steuern zu bezahlen ist, von einzelnen Menschen zu zahlen sein, weil im Staate, im demokratischen Staate, auf dem Boden, auf dem das Recht leben soll, der einzelne Mensch dem einzelnen Menschen gegenübersteht. Die Menschen können nur dann gleich sein, wenn ein Mensch dem anderen als Einzelner gegenübersteht. Auf dem Boden des Wirtschaftslebens und auf dem Boden des Geisteslebens muß es Korporationen geben. Auf dem Boden des Staates kann es nur Recht geben, das ist für alle Menschen dasselbe, das kann auch jeder erwachsene Mensch durchschauen." [10]

[10] GA 331 [23], S. 79, 1/1989, 22.05.1919

Rudolf Steiner stellt sich nicht deshalb gegen die juristische Person, weil er gegen Hierarchien ist. Ganz im Gegenteil. Er ist für Demokratie und für Hierarchie. Beides kann in seinen Augen aber nur existieren, solange es sich gegenseitig ausschließt. Eine freie Gemeinschaft muss die gegenseitigen Verhältnisse ihrer Mitglieder aus der Natur der Sache heraus entstehen lassen können. Indem das Rechtsleben die Beziehungen von Individuum zu Individuum aktiv mitgestaltet, vernichtet es mit dem Geistesleben zugleich sich selbst - das Gleichheitsprinzip ist dann zugunsten eines Vor-Rechts aufgehoben. Wenn der Staat nun aber keiner geistigen Gemeinschaft irgendeine Form vorschreiben würde, dann würden sich einfach Mensch und Mensch *gleichberechtigt* gegenüberstehen und könnten auf diesem neutralen Boden des gleichen Rechts dann die Hierarchien des Geisteslebens entsprechend der realen Aufgabe und der individuellen Fähigkeiten frei bilden (Korporationen).

Um eine sachgemäße Verwaltungsstruktur entwickeln zu können, muss deshalb zunächst innerhalb der Schulgemeinschaft wieder hergestellt werden, was außerhalb der vorgegebenen Rechtsform ohnehin gilt: dass jeder dem anderen als Gleicher gegenübersteht, und keine wie auch immer gearteten Vorschriften das weitere Geschehen vor-definieren. Das ist durch gewisse Konstruktionen annähernd möglich. Bei einer GmbH zum Beispiel kann der Spieß dadurch umgedreht werden, dass jeder Pädagoge den gleichen Geschäftsanteil zeichnet, sodass rechtlich gesehen jeder „Chef“ ist. Damit ist der Rechtsboden wieder hergestellt, auf dessen Grundlage dann die eigene Form frei gebildet werden kann, wie es den Gesetzmäßigkeiten des Geisteslebens entspricht. Innerhalb dieser Form kann es dann durchaus wiederum einen „Chef-Posten“ geben, nur dass dieser nun nicht durch ein staatlich vorgegebenes Ritual, sondern durch den freien Zuspruch gleichberechtigter Partner gebildet wird. Andere unvorteilhafte Aspekte des GmbH-Rechts, wie z.B. die Pflicht, jeden neuen Geschäftsanteil notariell beurkunden zu lassen, müssten dabei gleichwohl in Kauf genommen werden.

Schwieriger noch ist es bei einem Verein, da hier sowohl Vorstandswahl als auch Demokratie zwingend vorgeschrieben sind. Zwar ließe sich auch im Verein manches im obigen Sinn umgestalten, z.B. könnte man einfach alle Pädagogen als Vorstände berufen, um den Status quo wiederherzustellen, doch entstünde dann z.B. eine zumindest fragliche Situation hinsichtlich der Außenvertretung, Haftung usw. Viele Waldorfschulen haben sich hier deshalb anders geholfen: Sie wählten die typische Vereinsstruktur, ignorierten sie aber in den tatsächlichen Abläufen der internen Beziehungen. Solange darüber Konsens herrscht, kann nämlich niemand die Kollegen daran hindern, sich überall jeweils an das Urteil desjenigen zu halten, dem nicht durch irgendeinen Wahlmodus, sondern aus ganz anderen Untergründen heraus die freie Entscheidung über die betreffenden Sachfrage gewährt wird. Sofern also z.B. die Funktionen des Vorstandsamtes den geistigen Autoritätsverhältnissen entgegenstehen, kann letzteren dadurch Rechnung getragen werden, dass der Vorstand die betreffende Angelegenheit eben nur pro forma entscheidet, während Entscheidung und Entscheidungsbefugnis auf ganz anderen Wegen zu Stande kommen. Das heißt natürlich nicht, dass ein Vorstand nicht auch „selbst" entscheiden kann. Worauf es ankommt, ist lediglich, dass er dann nicht „als Vorstand" dazu befugt ist, sondern sofern er identisch ist mit derjenigen Person, welche die Autorität in *dieser Sachfrage* der freien Anerkennung durch die Kollegen verdankt.

In diesem Sinn, dass also von innen her ausgeglichen wird, was als Un-Recht von außen hineinwirkt, kann man sagen, das „Rechtsleben" werde innerhalb der Schulmauern ergriffen. Dasselbe Prinzip liegt ja auch der „Neutralisierung" des Kapitals zu Grunde, wie es manche anthroposophischen Betriebe versuchen, oder auch der Arbeit der Stiftung Edith Maryon in Bezug auf Grund und Boden. Bei solchen Dingen handelt es sich aber gerade nicht um ein „Schaffen" von Recht im positiven Sinn, geschweige denn um eine Mitwirkung des Rechtslebens an der Verwaltungsstruktur, sondern um die aktive Ausschaltung des Rechtslebens als positivem Gestalter des Geisteslebens, damit sich die Verwaltungsstruktur ausschließlich gemäß des Geisteslebens entwickeln kann - bestehende Mechanismen werden ausgehebelt, um Räume wieder zugänglich zu machen für etwas, was dann seinerseits kein Mechanismus mehr ist.

Es wäre allerdings ein Missverständnis, wenn man daraus schließen würde, das freie Geistesleben sei einfach die Summe der versammelten Ich-Menschen. Das ist das andere Extrem, zu dem man freilich nur gelangt, wenn man zwar einerseits die Natur des Rechts- und Wirtschaftslebens durchschaut, dafür aber nicht die des Geisteslebens. Dieser Ansicht liegt meist das Gedankenschema „Ich/Gemeinschaft" zu Grunde, aber so, dass jene Pole auf die drei Glieder verteilt werden: Rechtsleben und Wirtschaftsleben rechnet man zur Gemeinschaft, das Geistesleben dagegen zum Ich. Wenn man dann bei Steiner liest, dass Rechtsleben und Wirtschaftsleben vom Schulleben abzusondern seien, so bleibt für diese Auffassung nur das Ich übrig, und die Gemeinschaft schwebt als Abstraktum darüber. Oder man führt doch wieder eine „Rechtsebene" ein, um wenigstens etwas fühlbare Gemeinschaft zu haben. Rudolf Steiner beschreibt dagegen etwas völlig anderes. Im Steinerschen Sinn verwendet, stehen dem Ich drei Gemeinschaften gegenüber - Rechtsleben, Wirtschaftsleben und Geistesleben. Das Geistesleben meint also gerade den Gegenpol des Ichs, nämlich die Gemeinschaft, aber eben so, wie sie weder durch das allgemeine Rechtsempfinden, noch durch die ökonomischen Notwendigkeiten, sondern nur durch das frei werdende Ich selbst vollzogen werden kann. Das Ich findet, wo es aus ökonomischen und rechtlichen Zwängen entlassen wird, in der freien Begegnung von Mensch zu Mensch etwas, was es hinausführt über sein Einzeldasein, aber so, dass es dieses zugleich als die Verwirklichung seiner freien Impulse erlebt. Diesem Höheren auf die Spur zu kommen und ihm eine Gestalt in Form der ganz äußeren, tragenden Verwaltungsstruktur zu geben, ist die Bedeutung des Wörtchens „frei" im Ausdruck „freie Waldorfschule".

Man kann sich in einer solchen Gemeinschaft „einen Mutes" fühlen, man kann sogar erleben, wie das individuelle Handeln immer mehr von etwas Allgemeinmenschlichem impulsiert wird. Wer die Dinge bloß nach dem Klang der Worte beurteilt, wird deshalb glauben, er bewege sich damit auf einer „Rechtsebene", da das Recht laut Steiner ja dem „Allgemeinmenschlichen" entspringen soll. Man könnte jedoch das Allgemeinmenschliche, das sich auf der Rechtsebene verwirklichen soll, sehr leicht so konkret werden lassen, dass solche Verwechslungen schnell aufhören würden. Man müsste dazu einfach die Putzfrau mit in die Konferenz nehmen, ebenso den Vermieter, den Busfahrer, den Minister, den Nachbarn, kurz, alle, ungeachtet ihrer Individualität. Das Allgemeinmenschliche, das dann im Konferenzbeschluss zum Ausdruck käme, entspräche der Rechtsebene - aber ganz sicher nicht mehr der Aufgabe der Schule.

In Wahrheit erscheint das Allgemeinmenschliche in allen drei Funktionsbereichen des sozialen Organismus. Die Aufgabe des Menschen ist es, das Allgemeinmenschliche, welches er auf dem Gebiet des Geisteslebens erleben kann, mit dem Allgemeinmenschlichen, wie es auf den Gebieten des Rechts- und Wirtschaftslebens erscheint, zu verbinden, indem er alle drei Funktionen des sozialen Organismus rein ausbildet. Diese Funktionen schließen sich gegenseitig aus und vermischen sich nie. Aber sie durchdringen sich im Menschen, weil dieser in jeder Lebenssekunde in allen drei Prozessen steht. Deshalb führt übrigens auch die Rede von „Subsystemen“ in die Irre, auch wenn sie möglicherweise akademische Anerkennung heischt. Subsysteme setzen ein übergeordnetes System voraus. Bei Rudolf Steiner existiert ein solches System nicht, sondern es existieren drei Glieder - ihre Einheit ist der individuelle Mensch. Und dieser ist um so mehr Mensch, je reiner die drei Glieder erscheinen, je besser sie sich gegenseitig fördern können, anstatt durcheinander zu gehen.

„Es ist mir öfter gerade von Professoren erwidert worden, ich wolle die Menschheit in drei Klassen teilen. Das Gegenteil will ich! Früher wurde geteilt in Nährstand, Lehrstand und Wehrstand. Aber der heutige Lehrstand lehrt nichts. Der Nährstand ist nichts weiteres als ein Gewaltstand, und der Wehrstand, dem wird ja die Aufgabe gestellt, dasjenige den Besitzlosen zu sagen, was die Besitzenden wollen! Ja, sehen Sie, das ist dasjenige, was gerade überwunden werden soll: die Stände, die Klassen sollen überwunden werden gerade dadurch, daß man den Organismus als solchen, abgesondert vom Menschen gliedert. Der Mensch ist ja das Vereinigende! Er wird auf der einen Seite im Wirtschaftsorganismus drinnen stehen, und kann ebenso, indem er im Wirtschaftsorganismus drinnen steht, Mitglied der Vertretung des politischen Staates sein; er kann auch dem Geistesleben angehören. Dadurch ist die Einheit geschaffen. Ich will gerade den Menschen dadurch befreien, daß ich den sozialen Organismus in drei Teile gliedere. Man verstehe das nur, um was es sich handelt: Um das Gegenteil einer Utopie, um eine wirkliche Realität handelt es sich. Es handelt sich darum, die Menschen aufzurufen, nicht zu glauben, daß man irgendeine vertrackte Utopie ausdenkt, sondern zu fragen: Wie soll man die Menschen sich gliedern lassen, damit sie im Zusammenwirken von sich aus das

Richtige finden? Das ist der radikale Gegensatz zu allem anderen. Alle anderen gehen von der Idee aus; hier wird ausgegangen von der wirklichen sozialen Gliederung der Menschen, hier wird wirklich darauf aufmerksam gemacht, daß alle Unterschiede weggewischt werden dadurch, daß der Mensch selber, als bloßer Mensch das Einheitliche bildet. Und daher würde es mir leid tun, wenn gerade diejenige Ansicht Eindruck machte, die das Gegenteil von allem Utopismus für eine Utopie erklärt! Das ist dasjenige, was eigentlich die einzige mir leid tuende Einwendung ist, weil sie gerade den Nerv meiner Auseinandersetzungen nicht getroffen hat." [11]

Als „Utopie" wird die soziale Dreigliederung immer von denjenigen abgetan, die selbst utopisch denken, d.h., die eine Idee dafür erwarten, wie das Leben im Einzelnen zum Wohle der Menschheit zu regeln sei. Rudolf Steiner fragt jedoch: Wie müssen die einzelnen Menschen sich zueinander stellen, damit sie in der jeweiligen Situation diejenige Idee finden können, die dann richtig ist? Damit ist die soziale Dreigliederung das Gegenteil eines „Systems". Die praktischen Möglichkeiten einer Gemeinschaft hängen eben davon ab, wie viel Bewusstsein für das Zwischenmenschliche in ihr lebt. Und wenn Rudolf Steiner Recht damit hat, dass dieses Zwischenmenschliche immer ein Dreifaches ist, dann heißt das: Die Möglichkeiten hängen davon ab, wieweit das Individuum die drei Glieder sehen kann.

„Grauzonen" liegen hier nie in der Sache, sondern entpuppen sich immer als Bewusstseinstrübungen. Mit viel Spitzfindigkeit hat man zum Beispiel zu beweisen versucht, dass ja der „Vertrag" zwischen zwei freien Menschen etwas „Rechtliches" sei. Nun, bei Rudolf Steiner ist der Vertrag genau das ausdrücklich nicht. Selbstverständlich kann und soll die oben skizzierte Struktur der gegenseitigen Aner-

[11] GA 329 [13], S. 108-109, 1/1985, 19.03.1919

kennung zu langfristigen, belastbaren Vertragsverhältnissen führen. Der Inhalt dieser Verhältnisse hat jedoch mit dem Rechtsleben nichts zu tun. Inhalt des Rechts könnte zum Beispiel sein: „Vertragsbrüche sollen geahndet werden“. Was zwei Menschen konkret füreinander tun, beruht jedoch auf etwas ganz anderem. Das Papier (oder das Wort) kann lediglich dokumentieren, dass ein Vertrag besteht. Und auf dieser Grundlage kann dann das Rechtsleben in ein Verhältnis zu Geistesleben und Wirtschaftsleben treten, indem es den eigenen, abstrakten Inhalt im Falle eines Vertragsbruchs realisiert. Der Boden, auf dem ich als fähig arbeitender Mensch stehe, ist der des Geisteslebens, der Boden, auf dem ich die gegenseitigen Wertverhältnisse bestimme, der des Wirtschaftslebens, und der Boden, auf dem ein Vertragsbruch als „Rechtsverstoß“ geahndet werden kann, der des allgemeinen Rechtslebens.

Für eine soziale Dreigliederung eintreten heißt, dafür zu wirken, dass sich das Rechtsleben innerhalb einer geistigen Gemeinschaft in Zukunft gerade nicht in ein „eigenes“ Rechtsleben verwandeln kann. Es müsste im Gegenteil dafür Sorge getragen werden, dass der Einzelne auch im Arbeitszusammenhang bloß auf dem Boden des allgemeinen Bürgerrechts steht. Keiner hätte dann im Betrieb mehr „Recht“ als der andere. Auch der Arbeitsvertrag, so Steiner, müsse abgeschafft werden. An die Stelle des Arbeitsvertrags zwischen juristischer Person und Mensch müssten in Zukunft zwei verschiedenartige Verträge zwischen Menschen treten: zum einen ein Vertrag über Leistung und Gegenleistung, ohne Geldbezug, in sachlicher Hinsicht und zeitlich befristet (Also zum Beispiel: ich unterrichte die 1. Klasse, Du die 2. Klasse). Unabhängig davon müssten Verträge über die gemeinsame Aufteilung der Erträge geschlossen werden. Alles, was „Leitung“ ist, müsse auf dieselbe Art entstehen. Das setzt aber eben voraus, dass jeder dem anderen als Gleicher gegenübersteht, und gegenüber dem Staat nur das Individuum Rechtssubjekt sein kann.

Die Vorstellung, eine kleine Gruppe innerhalb des Staates könne ihr „eigenes“ Recht schaffen, nur weil sie entgegen den Anforderungen einer Schulverwaltung „demokratisch“ abstimmt, ist so gewöhnlich wie absurd. Natürlich ist es möglich, dass Rudolf Steiner sich hinsichtlich der Notwendigkeit eines freien Geisteslebens irrte. Dann müsste der Beweis erbracht werden, dass das demokratische Urteil im Hinblick auf die Aufgabe einer Schule tatsächlich fruchtbar und nicht etwa schädlich ist. Rudolf Steiners Annahme kann aber sicher nicht dadurch widerlegt werden, dass man es einfach anders macht - genauso könnte man beweisen, dass die Schule eine Monarchie enthält, indem man einen König krönt und dabei ausblendet, in welchem Verhältnis dieser Vorgang zum Gewaltmonopol einerseits, und zum realen Bildungsgeschehen andererseits steht. Vor allem aber müsste gezeigt werden, welchen Inhalt das Wort „Demokratie“ noch besitzt, wenn es für das herhalten soll, was eine Schulgemeinschaft unter sich ausmacht. Und da liegt die eigentliche Tragik der Bauchnabel-Gliederung: Indem die Demokratie nach innen verkehrt wird, geht ihr spezifischer Inhalt und damit die Beziehung zur Rechtsgemeinschaft verloren.

Einmütigkeit statt Demokratie

Die „Gemeinschaft“ im Geistesleben gründet sich auf das gegenseitige Verständnis, auf die Erkenntnis des Anderen, mit dem man zusammen in einer Einrichtung wirkt. Wie oben skizziert, will Rudolf Steiner die gesamte äußere Struktur einer Schule aus solcher Menschenerkenntnis erstehen lassen. Eine Rechtsgemeinschaft beruht auf dem Gegenteil, nämlich auf dem Ausschluss von allem, das von individuellem Verständnis abhängt. Das Recht auf Versammlungsfreiheit etwa besagt nicht, dass die demokratische Mehrheit irgendeine konkrete Tagung gutheißt, sondern dass dem Menschen im Allgemeinen ein solches Recht zustehe, ungeachtet der Frage, ob die demokratische Mehrheit Verständnis für den konkreten Inhalt hat. Und so verhält es sich mit allen Rechten. Es kommt im Rechtsleben also gerade nicht auf das an, was der Einzelne dem anderen an Verständnis entgegenbringt (Wird es dennoch davon abhängig gemacht, ist es Unrecht, weshalb auch der Wunsch, der Staat möge die Waldorfpädagogik anerkennen, gegen die soziale Dreigliederung gerichtet ist. Der Staat kann die Waldorfpädagogik nicht „anerkennen", das kann nur der individuelle Mensch. Soll der Staat sie „anerkennen", ist er parteiisch, und damit im Steinerschen Sinn ein „Unrechtsstaat").

Wahrheit lebt in der Beziehung zwischen denkendem Subjekt und seinem Objekt. Das Recht dagegen trifft keine Aussage über irgendetwas in der Welt, sondern ist ein rein subjektiver Ausdruck von etwas, das in allen Menschen lebt. Wir haben im Deutschen die schönen Worte „Rechtsgefühl" und „Rechtsempfinden", die schon viel über das Wesen des Rechts verraten. Die Frage, ob es „wahr" sei, dass der Mensch z.B. ein Recht auf Unversehrtheit seines Leibes habe, ist absurd. Deshalb kann über Rechtsfragen „abgestimmt" werden, und deshalb kann auch der Einzelne „überstimmt" werden. Und deshalb akzeptieren wir auch ganz selbstverständlich, dass der Polizist nicht als Individuum in Betracht kommt, sondern als „Vertreter" des allgemeinen Rechts. Sofern wir über Wahrheitssinn verfügen, dürfte es uns aber schwerfallen, dasselbe Verhältnis auch zur Wahrheit einzunehmen, und den Lehrer ebenso als einen Vertreter zu betrachten. Das ist aber genau das, was durch die Verknüpfung von Demokratie und Bildungswesen notwendig erzeugt wird. Das pädagogische Ergebnis ist eine Erziehung zur Unwahrhaftigkeit. Und diese Unwahrhaftigkeit ist qualitativ dieselbe, ob der Lehrer nun als Vertreter des Bildungsministeriums, eines „Waldorflehrplans“ oder eines „Konferenzbeschlusses“ agiert.

Gelegentlich wird Rudolf Steiner deshalb so interpretiert, als wolle er aus dem Lehrer eine Ich-AG machen, als arbeite in einer freien Schule jeder beziehungslos neben dem anderen her. Das ist jedoch nicht gemeint. Vielmehr zielt Rudolf Steiner mit dem Ausschluss demokratischer und ökonomischer Entscheidungsprozesse aus der Schulverwaltung auf die Herstellung einer Einheitlichkeit, die alles übertrifft, was auf rechtlichem oder wirtschaftlichem Gebiet möglich ist. Die ganze Schwierigkeit der Selbstverwaltungsfrage liegt letztendlich darin, diese Einheit zu sehen, die weder durch Demokratie, noch durch wirtschaftliche Interessen bewirkt wird, sondern durch das freie Urteil des Einzelnen.

Wenn sich 30 Erwachsene zusammentun, um die Entwicklung eines Kindes zu fördern, dann wird es immer genau einen geben, der in einer bestimmten Sachfrage am ehesten das richtige Urteil fällen kann, der als Mensch der Richtige im Klassenzimmer ist, in der Geschäftsführung, in der Delegation usw. Im Interesse des Kindes müssen diese individuellen Unterschiede zum Tragen kommen, und nicht etwa der Durchschnitt der Meinungen. Somit ergeben sich aus den unterschiedlichen Fähigkeiten der versammelten Erwachsenen im Hinblick auf die Entwicklung des Kindes auch diejenigen Aufgabengebiete, die jedem aus rein sachlichen Gründen zustehen. Diese Aufgabengebiete, so Rudolf Steiner, werden dem Individuum in einem freien Geistesleben auch tatsächlich zufallen - wenn statt abstrakten Definitionen und Vor-Rechten bloß die wechselseitigen Anerkennungsverhältnisse wirkten, werde zum ersten Mal jeder Mensch in genau diejenige Position kommen, die seiner individuellen Prägung entspricht. Dieser Gedanke beruht auf drei Voraussetzungen:

1. Dass es eine „Wahrheit" in Bezug auf die Entwicklung eines Kindes gibt, und dass jeder Kollege zu dieser Wahrheit in ein Verhältnis treten kann.
2. Dass es ebenso eine „Wahrheit" in Bezug auf den Kollegen gibt, mit dem ich zusammenarbeite.
3. Dass jeder Einzelne diese beiden Wahrheiten erkennen und aufeinander beziehen kann.

„Selbstverwaltung" ist demnach nur möglich, sofern das Gegenteil der populären Volksmeinung wahr ist, wonach jeder „seine Wahrheit" habe. Ohne die Möglichkeit, dass der Mensch seine subjektive Befangenheit gerade in der Begegnung überwinden und letztendlich zum „Ding an sich" vordringen kann, ist eine selbstverwaltete Schule utopisch. Sie ist nur denkbar, wenn Einigkeit nicht durch den Schnittpunkt der subjektiven Meinungen, sondern umgekehrt aus der freien Betätigung und Steigerung der individuellen Erkenntnisse hervorgehen kann, wenn also der subjektive Standpunkt lediglich der Ausgangspunkt der Freiheit ist. Die „freie" Waldorfschule beruht, wenn sie existiert, auf nichts Geringerem als auf der Tatsache, dass sich das Ich, wo es frei gelassen wird, erkennend selbst überschreitet, und so mit dem anderen wieder zusammenfindet.

Damit gerät der Begriff der „Wahrheit" selbst in Bewegung. Sie ist nicht statisch aufzufassen, etwa so, als könne z.B. die individuelle Prägung einmal festgestellt und dann berücksichtigt werden. Vielmehr entwickelt sich, was der Einzelne als Individuelles ausbilden will, erst durch die gegenseitigen Verhältnisse. Und das, was der Gemeinschaft als gemeinsame „Wahrheit" zu Grunde liegt, entfaltet sich selbst erst auf diesem Weg. Diese „Wahrheit“ ist eine lebendige, sich in ständiger Entwicklung befindliche. Darin liegt die eigentliche Schwierigkeit der Verwaltung auf dem Gebiet des Geisteslebens. Es ist ja z.B., um nur etwas ganz Äußeres zu nennen, durchaus möglich, dass ich den Kollegen in dessen „Amt“ bestätige, auch wenn ich mit seiner Leistung nicht zufrieden bin, oder eine Entscheidung mittrage, die ich persönlich anders fällen würde, sofern ich damit eine Entwicklungsmöglichkeit begünstige, die der Gemeinschaft insgesamt förderlich ist.

Rudolf Steiners Begriff der Entwicklung im sozialen Zusammenhang ist äußerst komplex. Er beinhaltet z.B. sehr komplizierte Wechselwirkungen zwischen den Gliedern des sozialen Organismus und denen des natürlichen Organismus, die hier kaum erörtert werden können. Ein Aspekt ist aber für das Verständnis seines Begriffs einer „freien“ Waldorfschule bedeutsam. Grob ausgedrückt, beruht das Geistesleben nach Steiner auf dem Vergangenheitsmenschen (das Rechtsleben auf dem Gegenwartsmenschen, das Wirtschaftsleben auf dem Zukunftsmenschen). Jeder Pädagoge bringt in die Schule mit, was er geworden ist, welche Neigungen und Fähigkeiten er entwickeln konnte. Nach Steiners Auffassung weist dieser Vergangenheitsmensch sogar vor die Geburt zurück - die Menschen betreten die Erde mit ganz unterschiedlichen Anlagen. Auf seine Begabungen kann sich der Mensch folglich nichts einbilden - sie sind ein Geschenk. Und als solche sollte er sie auch in die Gemeinschaft hineinstellen. Bildung, Kunst und Wissenschaft sind ihrerseits darauf angewiesen, dass sie sich den Vergangenheitsmenschen nutzbar machen können. Das ist aber nur unter der Voraussetzung bedingungsloser Freiheit möglich: Nur wenn er das Höchste, zu dem der Einzelne aus seinen ganz individuellen Kräften heraus im Stande ist, dem Anderen wirklich schenkt, das heißt so übergibt, dass es keinen Zwang darstellt, sondern der Andere dieses Geschenk frei aufnehmen oder ablehnen kann, um daran nun seinerseits die eigenen Anlagen frei entfalten und wiederum der Gemeinschaft schenken zu können, entsteht ein Geistes-„Leben“. In diesem Sinn, dass der eine den anderen fördert, dasjenige hervorzubringen, was „in ihm liegt“, erhält das Geistesleben auch einen Zukunftsbezug. Genau genommen ist diese Zukunft aber zunächst der Vergangenheitsmensch des Anderen, der sich in Freiheit sukzessive entfalten kann.

Der eigentliche Zukunftsmensch verbirgt sich hinter dem, was wir Willenskraft nennen. Er ist dasjenige in uns, das, wenn es vom anderen Menschen in der richtigen Art angesprochen wird, so dass es sich frei betätigen kann, den eigenen Vergangenheitsmenschen in Erscheinung bringt. Zugleich geht er aber auch über den Vergangenheitsmenschen hinaus, indem er dem eigenen Wesen einprägt, was er in der Begegnung mit dem anderen tatsächlich „neu“ bildet. Sofern also das Geistesleben auf das Fundament der freien Entfaltung des Vergangenheitsmenschen gestellt wird, kann auch der Zukunftsmensch einziehen. Damit rechnet Rudolf Steiners Selbstverwaltungsbegriff. Beurteilen kann diese Möglichkeit freilich nur, wer sie wenigstens anfänglich erlebt, weil er auf demokratische Verfahren verzichten kann. Dann kann z.B. konkreter Erfahrungsinhalt werden, wie in der Bemühung um ein Verständnis der entgegengesetzten Position plötzlich der eigene Zukunftsmensch so in Erscheinung tritt, dass er zwar den eigenen Gesichtspunkt nicht verrückt, sich aber als der objektive Zusammenhang mit dem Gesichtspunkt des anderen zu erkennen gibt. Dieses Verbindende wirkt dann „moralisch“, das heißt, als Handlungsimpuls. In das bewusste Denken tritt es meist nur über den Umweg des Gefühls. Deshalb trifft auch das Wort „Einmütigkeit“, das ja an den „Mut“ appelliert, dieses Erlebnis am ehesten.

Die „Einheit“ einer freien Gemeinschaft liegt nicht unter, sondern über dem Ich. Das ist der wesentliche Unterschied zwischen einer demokratischen Abstimmung und einem einmütigen Entschluss. Bei einer Abstimmung entscheidet man nach Stimmverhältnissen „für“ oder „gegen“ etwas oder eine zur Wahl stehende Person. Eine Minderheit wird dabei „überstimmt“. Im Idealfall bildet sich ein durchschnittliches Niveau, das eine Mehrheit bejahen kann. Das Kind sollte jedoch das höchste Niveau erwarten dürfen, zu dem jeder auf seine besondere Weise fähig ist. Außerdem könnte sich auch die Minderheit mit derselben inneren Gewissheit auf ihre „Wahrheit“ stützen, ja sogar im alleinigen Besitz derselben sein. Deshalb stimmt ein verantwortungsvolles Kollegium weder über Inhalte, noch über Personen ab. Dann hat es immer genau drei Möglichkeiten: Entweder, es wird gemeinsam erkannt, was zu tun ist. Oder, falls das nicht möglich ist: es wird gemeinsam erkannt, an welche Kollegen die Entscheidung in der betreffenden Angelegenheit abzutreten ist, damit eine gewissenhafte Lösung erwartet werden darf. Anders als bei einer demokratischen Entscheidung wird es in beiden Fällen jedoch keine formale „Übereinstimmungen“ geben. Es ist zum Beispiel denkbar, dass das Kollegium gemeinsam eine Entscheidung fällt, die nur von 20% des Kollegiums vertreten wird. Die Erkenntnis der Sache steht hier nämlich im Zusammenhang mit der Erkenntnis des Kollegen, der sich derselben Sache zuwendet. Die „richtige“ Entscheidung kann insofern auch diejenige sein, die den gemeinsamen Möglichkeiten entspricht. Falls beides nicht möglich ist, bleibt die Trennung der dritte und einzig noch mögliche Weg, das Prinzip der Freiheit zu wahren.

Für einen Außenstehenden mag es so scheinen, als werde der Einzelne auch beim Prinzip der Einmütigkeit überstimmt, als sei also auch die Einmütigkeit nur ein Wahlmodus. Tatsächlich aber ist der Vorgang spiegelverkehrt zu dem des Wählens: Während der

Einzelne dort der Macht der Mehrheit unterliegt, die „für“ oder „gegen“ etwas ist, entwickelt er hier eine innere Tätigkeit, die das Wesen des anderen mit einbezieht, und schließlich z.B. dazu führt, die eigene Meinung weniger wichtig zu nehmen - gerade weil er allein die Macht besitzt, „alles“ aufzuhalten. Dieses „Alles“, und das Verhältnis der einzelnen Persönlichkeiten dazu, rückt selbst in das Zentrum der Erkenntnis. Der verbindende Geist wird bewusster Inhalt jedes einzelnen Ich. Hier ist das Ich der Träger einer lebendigen Einheit, dort wird die Einheit nur ersetzt durch eine „Idee“, die der Einzelne kurz antippt, indem er „für“ oder „gegen“ sie stimmt. Weil seine Ich-Tätigkeit dabei kaum gefragt ist, bleibt er in seiner subjektiven Befangenheit verharren - der Geist stirbt.

„Freies Geistesleben muß eben ein wirkliches Geistesleben sein. Wenn die Menschen heute von Geistesleben reden, reden sie gar nicht vom Geiste, reden sie von Ideen; sie reden ja nur immer von Ideen.“ [12]

Es ist Rudolf Steiners Grundüberzeugung, dass Gemeinschaft in der Gegenwart nicht mehr durch gemeinsame Ideen bewirkt werden könne. Man müsse von der Idee zum Geist fortschreiten. Entscheidend sei nicht die gemeinsame Idee, sondern der Prozess, der zu ihr führe, der Geist, der in ihr zum Ausdruck komme. Deshalb werden keine Ideen in die Konferenzen hineingeworfen, um dann über sie abzustimmen, wie das in einem Parlament der Fall wäre, sondern die Ideen sind hier zugleich Mittel zum Zweck der gegenseitigen Verständigung. Aus demselben Grund wird die „Gegenstimme“ auch nicht überstimmt, sondern ist Teil eines weiterführenden, dialogischen Prozesses. Dabei kommt es dann meist weniger auf die vorgebrachten Argumente an, sondern mehr noch auf das, was gewissermaßen

[12] GA 339 [12], S. 114, 3/1984, 16.10.1921

in ihnen vibriert, was in den Seelen mitklingt. Nicht selten liegt dann auch die „Lösung“ in der Verständigung über eine Sache, die mit der zu besprechenden rein logisch in keinem Zusammenhang steht.

Wer bei der Idee (und ihrer „Umsetzung“) stehen bleibt, verwechselt Schein und Wesen. Selbst wenn z.B. alle einer Idee zustimmen, muss darin nicht eine wirkliche Gemeinsamkeit zum Ausdruck kommen. Und oft ist die vermeintliche „Einmütigkeit“ auch nur das Ergebnis von Ermüdungserscheinungen - man stimmt scheinbar überein, weil man die Konferenz hinter sich bringen will. Ja, es kommt sogar vor, dass Einzelne bewusst oder unbewusst mit der Technik des Ermüdens arbeiten, um ihren persönlichen Willen als „Einmütigkeit“ durchzudrücken. Hinter der Maske der Einmütigkeit kann sich also eine Demokratie verbergen. Aber auch das Umgekehrte ist möglich - der hier skizzierte Verständigungsprozess kann selbstverständlich auch damit schließen, dass man etwa durch Handzeichen den gemeinsamen Willen zum Ausdruck bringt oder weiteren Gesprächsbedarf sichtbar macht. Insbesondere in großen Runden kann das nötig sein. Um so wichtiger ist es, den Unterschied zwischen Demokratie und freiem Geistesleben aus dem Wesen der beiden Glieder heraus zu begreifen.

Rudolf Steiner stellt eine scheinbar paradoxe Forderung an das zentrale Verwaltungsorgan einer freien Waldorfschule: dort soll weniger über Verwaltungsfragen, und dafür mehr über Menschenkundliches gesprochen werden. Einzelfallbesprechungen konkreter Kinder sollen ins Zentrum gerückt werden, die Lehrer sollen Einblicke in die Erlebnisse ihrer Kollegen gewinnen, usw. Die Konferenz, so Steiner, sei ein „fortdauerndes Seminar“, auf dem Fachidiotentum überwunden, und „Weitherzigkeit“ geübt werde. Dagegen kann eingewendet werden, dass dies praktisch unmöglich sei, da Verwaltungsfragen immer in die Konferenzen drängten und für geisteswissenschaftliche Betrachtungen keinen Raum ließen. Das ist jedoch ein Zirkelschluss. Entweder der Geist erobert sich das, was sonst dem Bürokratismus gehört, oder umgekehrt. Die Verwaltungsfragen drängen nicht in die Konferenz, wenn das System der gegenseitigen Anerkennung wirklich verfolgt wird, wenn also das Delegationsprinzip nicht bloß ein Spielzeug bleibt, sondern tatsächlich mit der Verwaltung zusammenfällt. Das wiederum ist nur möglich, wenn jeder den anderen erkennen und beurteilen kann - wenn also die Konferenz ein „fortdauerndes Seminar“ ist. Dann ist die Konferenz identisch mit der Schulleitung, ohne deshalb Verwaltungsdetails diskutieren zu müssen, da eben von hier ausgehend sämtliche Delegationen gebildet werden. Das scheinbare Paradox bewahrheitet sich: Erst dadurch, dass sie im äußeren Sinn nicht ein Verwaltungsorgan, sondern ein Erkenntnisorgan ist, wird die Konferenz zum zentralen Verwaltungsorgan der Schulgemeinschaft.

Da ein solches „fortdauerndes Seminar“ um so schwieriger wird, je mehr Menschen in der Konferenz zusammensitzen, hat jede freie Schule eine Wachstumsgrenze. Was darüber hinaus wächst, muss sich abgliedern, um frei zu bleiben. Das bedeutet aber nicht zwangsläufig, dass sich mehrzügige Schulen nicht auch im Steinerschen Sinn „selbst“ verwalten können, sofern eine entsprechende schulinterne Gliederung und Assoziierung möglich ist.

Gegen das Ideal der Einmütigkeit spricht scheinbar, dass die Gespräche äußerst zäh werden können, was z.B. bei existenziellen Entscheidungen schnell auch das Fortbestehen der Schule gefährden kann. Das trifft als mögliche Momentaufnahme sicher zu. Die Zeit ist aber etwas anderes als die Summe solcher Momentaufnahmen. Wird er konsequent verfolgt, ist der scheinbar langwierigere Entscheidungsprozess freier Schulen wesentlich effizienter als jedes demokratische Verfahren, da er die Vertrauensgrundlage für „kurze Wege“ bei zukünftigen Aufgaben schafft, während das nur halbgewollte demokratische Urteil die individuellen Kräfte, die es nicht forderte, lähmt, im Unbewussten rumoren, ja schließlich opponieren lässt, und faktisch unzählige weitere langwierige Entscheidungsfindungen nachzieht, meist zudem in Detailfragen, die ein Einzelner besser und schneller gelöst hätte. Die Schnelligkeit der demokratischen Entscheidung wird also in Wahrheit erkauft durch eine umfassende Lähmung des ganzen Systems. Wo der Schein etwas anderes sagt, beruht das in den allermeisten Fällen darauf, dass man in Wahrheit schon längst demokratisch abstimmte, während man dem Prinzip der Einmütigkeit zu folgen glaubte - die vermeintliche Einmütigkeit wird dann der Sündenbock für das, was die demokratischen Gewohnheiten verschuldeten.

Man kann das Steinersche Ideal auch so beschreiben: In einer Demokratie ist der Kontakt zum anderen Menschen auf das äußerste Minimum reduziert, nämlich auf den abstrakten Punkt des „Ja“ oder „Nein“. Was diesen Punkt geistig ausfüllt, verbleibt im Subjektiven. Rudolf Steiner möchte diesen Punkt zur Fläche ausweiten, damit der höhere Mensch in Erscheinung treten kann, und darauf dann die Kindeserziehung stellen. Das Kollegium soll im Interesse des Kindes das Funktionieren des eigenen Systems unmittelbar in Abhängigkeit davon bringen, inwieweit der Einzelne zur Objektivität fähig ist. Ist eine solche Objektivität nicht möglich, soll auch die Schule selbst nicht möglich sein können. Irgendeinen Trick oder Mechanismus zum Erhalt einer bloß theoretischen Gemeinschaft kann und soll es in einer freien Schule nicht geben. Das ist die Idee eines freien Geisteslebens. Wo eine Gemeinschaft in diesem Sinne wirklich auf die Freiheit des Anderen baut, findet das Individuum gerade in seiner intimsten, freiesten Betätigung zu einem Geistigen, das sich nun aber als der zugleich im Anderen wirksame, lebendige Geist zu erkennen gibt. Rudolf Steiner:

„Sehen Sie, für freies Geistesleben, das heißt Geistesleben, das aus seinen eigenen Gesetzen heraus da ist, es ist noch nicht sehr viel Verständnis in der gegenwärtigen Menschheit dafür vorhanden. Denn meistens versteht man unter freiem Geistesleben ein Gebilde, in dem Menschen leben, von denen jeder nach seinem eigenen Kikeriki kräht, wo jeder Hahn - verzeihen Sie das etwas merkwürdige Bild - auf seinem eigenen Misthaufen kräht, und wo dann die unglaublichsten Zusammenklänge aus diesem Krähen zustandekommen. In Wirklichkeit kommt beim freien Geistesleben nämlich durchaus Harmonie zustande, weil der Geist lebt, nicht die einzelnen Egoisten, weil der Geist wirklich über die einzelnen Egoisten hinüber ein eigenes Leben führen kann. Es ist zum Beispiel - man muß diese Dinge schon heute sagen - für unsere Waldorfschule in Stuttgart durchaus ein Waldorfschulgeist da, der unabhängig ist von der Lehrerschaft, in den die Lehrerschaft sich hineinlebt, und in dem es immer mehr und mehr klar wird, daß unter Umständen der eine fähiger oder unfähiger sein kann - der Geist aber hat ein eigenes Leben. Es ist eine Abstraktion, von der sich heute noch die Menschen eine Vorstellung machen, wenn sie von «freiem Geist» sprechen. Das ist ja gar keine Wirklichkeit. Der freie Geist ist etwas, was wirklich lebt unter den Menschen, man muß ihn nur zum Dasein kommen lassen, und was wirkt unter den Menschen, man muß ihn nur zum Dasein kommen lassen.“ [13]

[13] GA 339 [12], S. 42-43, 3/1984, 12.10.1921

Ein typischer Krankheitsverlauf

Der verbindende Geist freier Gemeinschaften bildet sich in genau dem Maß zurück, in dem Rechtsleben oder Wirtschaftsleben die Verbindung an seiner Stelle herbeiführen sollen. Der Verlauf dieser Krankheit könnte zum Beispiel so aussehen: Die Waldorfschule X experimentiert zunächst einige Jahre mit dem freien Geistesleben, wie es sich in Einmütigkeits- und Delegationsprinzip als Rest erhalten hat. Im Sinne einer wirklichen, bis ins Juristische gehenden Verantwortlichkeit trägt jedoch von Anfang an ein zweites Standbein, z.B. das Vereinsrecht. Dasjenige, was Steiner als das einzig berechtigte Prinzip der Gemeinschaftsbildung im Schulwesen skizzierte, bleibt „Software". Es wird gar nicht erst bis zur äußeren, tragenden Struktur getrieben, sondern diesbezüglich baut man auf die Bräuche der Rechtsform. Diese beginnt nun zurückzustrahlen, und allmählich auch die „Software" zu verdrängen. Anstelle der Einmütigkeit herrscht in den Konferenzen bald Basisdemokratie, während auf der anderen Seite an die Stelle konkreter Delegation immer mehr das pauschale „Amt" des Vorstands rückt.

Bald erweist sich das demokratische Verfahren als ungeeignet. Endlose Debatten auf der einen Seite, im Sinne des Geisteslebens nicht getragene Entscheidungen Einzelner auf der andere Seite legen die Schule lahm. Um überhaupt voranzukommen, hebt man halt die Hand, aber von einem wirklichen inneren Mittun dessen, was man so formell bestätigt, kann keine Rede mehr sein. Auf diese erste Krise folgt dann eine Reaktion: Das ganz anders geartete Verwaltungsprinzip des Geisteslebens wird *instinktiv* doch empfunden. Instinktiv empfindet man z.B., dass das Fachurteil des Einzelnen, das nun in Abhängigkeit von einem Parlament gebracht wurde, von jenem doch nicht abhängig sein darf, wenn wirklich aus der

Erkenntnis heraus gearbeitet werden soll. Man empfindet, auch wenn man es vielleicht nicht zu Ende denkt, dass dem Geistesleben nicht die Demokratie und nicht das pauschale Vorstandsamt, sondern eine sachlich begründete Hierarchie eigen ist, und zwar so, wie sie sich durch die unterschiedlichen Fähigkeiten im Hinblick auf den konkreten Erkenntnisgegenstand und aus dem täglichen Leben ergibt. Und diese heimliche Empfindung rächt sich nun an der Demokratie, indem sie die geistgemäße Struktur gewissermaßen im verzerrten Spiegel wiederherstellt. Das heißt, Einzelne beginnen instinktiv gegen die Demokratie zu arbeiten, um den eigenen Standpunkt durchzubringen - informelle, intransparente, ja intrigante Strukturen schieben sich in das demokratische Gerüst hinein. Und das durchaus mit gutem Grund! Schließlich wäre es fahrlässig, die Schule dem zufälligen Meinungswirrwarr einer demokratischen Abstimmung zu überlassen. Kurz: Aus Basisdemokratie wird Politik.

In diesem Entwicklungsstadium sind Geistesleben und Rechtsleben durch die Vermischung gleichermaßen korrumpiert. Die Schule besitzt eine vom Staatswesen abgekupferte Verwaltungsmechanik auf der einen und eine nicht bewusste oder zumindest nicht bewusst gebildete Hierarchie auf der anderen Seite, gewissermaßen als instinktive Korrekturmaßnahme. Darauf folgt dann die dritte Phase: Es kommt zur „Revolution“. In Reaktion auf die unerwünschte Machtentfaltung Einzelner werden Hierarchien von nun an nicht mehr geistig, sondern juristisch gebildet. Funktionierende „Mechanismen“ werden installiert, welche die schwere Bürde freier Formfindung abnehmen. So sollen „klare Verhältnisse“ geschaffen werden. Vorstände oder Geschäftsführer werden de facto zum Rektor; Lehrer, die nicht in der Spur bleiben, müssen mit Abmahnungen rechnen, usw. Damit ist man beim exakten Gegenbild des freien Geisteslebens angelangt. (Dass z.B. das gegenwärtige

Arbeitsrecht solche Mechanismen geradezu zu erzwingen scheint, steht auf einem anderen Blatt - hier soll nicht erörtert werden, was einem freien Geistesleben von außen im Weg steht (siehe dazu das nächste Kapitel), sondern was ihm die Gemeinschaft selbst in den Weg legt.)

Freilich kann man jetzt viele Ähnlichkeiten mit vermeintlich „modernen“ Unternehmen entdecken und hält die Degeneration der Sozialgestalt deshalb für eine „Reform“ des Steinerschen Ideals. Tatsächlich ist jedoch der Begriff der Selbstverwaltung an diesem Punkt als solcher hinfällig geworden. Er hat nämlich nicht das Geringste damit zu tun, dass man etwa in „eigenen“ Gremien entscheidet. In diesem Sinn verwaltet jeder Konzern „sich selbst“, und in diesem Sinn verwalten eines Tages alle Schulen sich selbst, sobald nämlich der Staat nach Verkehrs- und Gesundheitswesen auch das Bildungswesen ausgekoppelt haben wird. Der Begriff der Selbstverwaltung dreht sich vielmehr allein um die Frage, inwieweit das *Selbst* auch tatsächlich die Formen und Strukturen der gegenseitigen Verhältnisse *originär* bildet und in den Entscheidungen maßgebend ist. Um das Abitur zu schaffen oder einen Waldorflehrplan umzusetzen, braucht es kein freies Geistesleben. Ein „Selbst“ jedoch, in dem Sinn, wie es Steiner mit dem Ausdruck „Selbstverwaltung“ verband, bedarf der oben skizzierten Struktur eines freien Geisteslebens. Es kann in rechtlich fundierten Hierarchien grundsätzlich nicht anwesend sein. Letztere müssen den Geist, wie schon ihr antikes Vorbild, von außen empfangen. Psychologisch geraten sie unweigerlich in Abhängigkeit von Dritten, zuletzt von Unternehmensberatern, Qualitätsentwicklern usw., die bei der Suche nach dem helfen sollen, was in einer sich „selbst“ verwaltenden Waldorfschule unmittelbarer, lebendiger Handlungsimpuls ist.

In dieser Phase ist alles Reden über mehr „Freiheit“ vom Staat utopisch geworden, da der Staat jetzt das geringste Problem ist. Den staatlichen Zwangsmaßnahmen eilt nun die Gehorsamkeit voraus, die mit hündischer Treffsicherheit die noch verbliebenen Freiräume aufspürt und schließt, lange bevor der Staat auch nur erahnt, dass sie existierten. Und dieses System „funktioniert" dann. Genau hier liegt aber auch das grundsätzliche Missverständnis: Rudolf Steiner behauptet nirgendwo, dass ein freies Geistesleben besser „funktioniere". Er behauptet lediglich, dass ein bestimmter Geist, den man für eine zeitgemäße Pädagogik nötig habe, nur dort anwesend sein könne, wo man auch den Mut aufbringt, auf eine Gemeinschaftsform zu bauen, die noch *nicht* funktioniert, für die man im Tun erst allmählich reif werden könne. Der Steinersche Selbstverwaltungsbegriff beinhaltet die Möglichkeit des Scheiterns, die grundsätzlich allem innewohnt, das zum ersten Mal diese Erde betritt.

„Es ist nur zu natürlich, daß die Menschen an den alten Realitäten festhalten wollen, auch wenn sie schon zur Phrase geworden sind; denn durchschauen, daß die Dinge zur Phrase geworden sind, das bewirkt in den Menschengemütern eine gewisse Unsicherheit. Man glaubt, wenn man sich gestehen muß, daß die alten Dinge zur Phrase geworden sind, daß man nicht mehr einen sicheren Boden unter den Füßen habe. Man liebt es, sich zu täuschen, weil man in dem Augenblicke, wo man die Täuschung als Täuschung hinnimmt, eben glaubt, in der Luft zu schweben. Man wird nur dann nicht mehr glauben, in der Luft zu schweben, wenn man die Festigkeit des neuen Geisteslebens wirklich erfühlen kann. Und wir leben eben in dem Zeitalter, in dem wir Teilnehmer werden müssen an der untergehenden Phrase und Teilnehmer werden müssen an dem aufsteigenden Geistesleben." [14]

[14] GA 196 [25], S. 261, 2/1992, 21.02.1920

Die Entwicklung eines gesunden Rechtsgefühls

Kaum eine andere Vorstellung steht dem Verständnis der Steinerschen Idee einer „freien" Waldorfschule so im Weg wie die populäre Meinung, bei einem „Schulorganismus" handle es sich um den sozialen Organismus im Sinn der sozialen Dreigliederung, weshalb sich auch alle drei Glieder (Geistesleben, Rechtsleben und Wirtschaftsleben) in der Schulverwaltung wiederfinden müssten. Der Begriff „Mikro-" bzw. „Meso-Dreigliederung" ist dabei nur eine von vielen Facetten derselben Vorstellung, auf die das soziale Denken (und in der Folge auch die soziale Praxis) in vielen anthroposophischen Einrichtungen häufig zurückzuführen ist. Dabei ist die Fehlinterpretation der sozialen Dreigliederung als Gliederung der einzelnen Institution keineswegs neu - schon Rudolf Steiner musste sich mit ihr auseinandersetzen. Darauf zielt seine Bemerkung über die „schrullenhafte" Vorstellung, man könne die anthroposophische Gesellschaft dreigliedern:

„Man hat gar nichts verstanden von dem, was ich über die soziale Frage gesprochen habe, wenn man denkt, unsere Gesellschaft hier könne man wie eine Sekte dreigliedern! ... Wollen Sie denn gar nicht verstehen, daß man sich heute nicht in egoistischer, wenn auch gruppenegoistischer Weise abschließen kann und das andere alles unberücksichtigt lassen! Sie wirtschaften doch mit der anderen Wirtschaft des hiesigen Territoriums. Sie beziehen doch Ihre Milch, Käse, Gemüse, dasjenige, was Sie brauchen, von einem Wirtschaftskörper, von dem Sie sich doch nicht isolieren können! Sie können doch wahrhaftig die Zeit nicht reformieren dadurch, daß Sie sich aus dieser Zeit herauslösen. Mir kommt es vor, wenn jemand eine solche Gesellschaft wie diese zu einem Wirtschaftskörper machen will, geradeso wie wenn einer eine große Familie hat und sagt: Ich

beginne jetzt in meiner Familie die Dreigliederung. Diese Ideen sind zu ernst, zu umfassend, sie dürfen nicht in das Kleinlich-Bourgeoise der verschiedenen Sektierereien, die es immer gegeben hat, hineingezerrt werden. Sie müssen im Zusammenhang mit der ganzen Menschheit gedacht werden. Das mit Bezug auf das Wirtschaftsleben. Sie würden sich ja ganz abschließen vom wirklichen praktischen Denken mit Bezug auf den Wirtschaftskreislauf der Welt, wenn Sie eine gruppenegoistische Wirtschaft für eine Sekte einrichten wollen. Und das Rechtsleben: Gründen Sie einmal innerhalb unserer Gesellschaft den Rechtsstaat! Wenn Sie etwas stehlen, wird es ganz und gar bedeutungslos sein, wenn hier drei Leute zusammentreten und urteilen über dieses Stehlen. Es wird das äußere Gericht Sie schon in Anspruch nehmen und urteilen. In bezug auf den Rechtsstaat werden Sie sich aus der äußeren Organisation wahrhaftig nicht herausziehen können!“ [15]

Nur solange man selbst noch an *dieser* hier von Rudolf Steiner in scharfen Tönen kritisierten Vorstellung festhält, wird man gegen den Selbstverwaltungsbegriff Rudolf Steiners den Einwand vorbringen können, er missachte das Rechtsleben. Denn mit der Verneinung jener Vorstellung muss man dann auch das Rechtsgefühl verleugnet sehen, wie es sich täglich im kollegialen Miteinander geltend macht. Derselbe Einwand ist aber eben in dem Augenblick hinfällig, da man sich vor Augen hält, dass Rudolf Steiner bezüglich des sozialen Organismus tatsächlich nicht zwischen verschiedenen Ebenen unterschied, sondern dass diese Sichtweise, wie bereits angedeutet, erst in den 70er Jahren populär wurde. Rudolf Steiner dagegen sprach von den drei Gliedern des sozialen Organismus immer in derselben, eindeutigen Beziehung. Das heißt, wenn auch im Steinerschen Sinn keine Rede davon sein kann, dass es neben dem Rechtsglied des

[15] GA 190 [7], S.210-211, 3/1980, 14.04.1919

sozialen Organismus noch ein zweites Rechtsglied innerhalb eines Schulorganismus gebe, so muss doch andererseits betont werden: Der Schulorganismus stellt sich seinerseits in den sozialen Organismus hinein und damit auch in das Rechtsglied, so dass selbstverständlich das Rechtsleben auch innerhalb der Schulmauern empfunden wird. Rechtsleben und Wirtschaftsleben ragen gewissermaßen wie Golfe in den Schulorganismus hinein. Damit muss die Schulverwaltung umgehen. Doch tut sie dies aus den Gesichtspunkten des Geisteslebens heraus. Im Schulzusammenhang müssen sich fähige Menschen finden, die sich mit den daraus ergebenden rechtlichen und wirtschaftlichen Fragestellungen befassen und so die Beziehungen zum Rechts- und Wirtschaftsglied des sozialen Organismus gestalten. Die Art, wie diese Gremien gebildet werden, und die Methode ihrer jeweiligen Entscheidungsfindung kann aber keine andere sein als im übrigen Geistesleben auch. Rechts- und Wirtschaftsglied spiegeln sich also gewissermaßen im geistigen Glied. In *diesem* Sinn kann von einer Dreigliederung der Schulverwaltung gesprochen werden. Doch spiegelt das geistige Glied die beiden anderen nur solange wirklichkeitsgemäß, als es seinem eigenen Prinzip folgt. Sobald innerhalb der Gremien, die sich diesen beiden Gliedern zuwenden, auch die Prinzipien derselben umgesetzt werden sollen, wenn also die soziale Dreigliederung im Schulzusammenhang scheinbar „verwirklicht" wird, geht diese Fähigkeit verloren.

Ein gesundes Rechtsgefühl ist die unverzichtbare Grundlage freier Gemeinschaftsbildung. Das soll hier nicht bestritten werden. Aber dieses Rechtsgefühl liefert selbst keine Gesichtspunkte für die Einrichtung der *Verwaltung* einer freien Schule. Wo es dennoch bereits im Schulzusammenhang auf die Verwaltungsebene heruntergebrochen werden soll, entgleitet nicht nur das Geistesleben, sondern gerade auch das Rechtsleben. Denn nur weil man die Methode des

Rechtslebens auf das Gebiet des Geisteslebens überträgt, das nach Steiner erst durch eine völlig andere Methode betreten werden kann, lässt sich nicht folgern, dass dafür dann das Rechtsleben wirklich betreten werde. Dieses wird dadurch vielmehr negiert. Folgendes Beispiel mag diesen Zusammenhang verdeutlichen: Schon im Zwiegespräch spielt ja z.B. das sogenannte „Taktgefühl" eine wesentliche Rolle, etwa in der Form, dass der Einzelne seine Gedanken, bevor er sie äußert, auf ihren Wert für den anderen hin prüft, damit der andere Raum und Zeit nicht unnütz an die redende Person hingeben muss. In diesem Taktgefühl schwingt auch das Rechtsgefühl mit - als Empfinden für die Grenze, die gewahrt werden muss, damit wir uns als „Gleiche" gegenüberstehen können. Jetzt könnte man hergehen und innerhalb der Schulverwaltung eine äußere Entsprechung für den Inhalt dieses Rechtsgefühls fordern. Man könnte z.B. sagen: Weil wir alle gleich sind, hat jeder Anwesende die gleiche Redezeit. In dieser Art könnte man auch andere Eingebungen des Rechtsgefühls artikulieren, man könnte ein Regelwerk aufstellen, und darüber abstimmen. Dann würde sich neben die geistige Verwaltung (scheinbar) eine Rechtsverwaltung stellen, so dass man zwei Ebenen in der Schulverwaltung zu unterscheiden hätte. Natürlich ist dieses Beispiel kurios und wird sich in der Praxis so kaum wiederfinden. Es soll hier nur verdeutlichen, was ein in der Schulverwaltung scheinbar „praktisch umgesetztes" Rechtsleben seinem Wesen nach ist. Praktisch ist damit nämlich das Rechtsleben ausgeschaltet. Denn was sagt das Rechtsgefühl? Es stellt nicht etwa nur die abstrakte Forderung der Gleichheit auf. Es verbindet vielmehr das konkrete Recht, zu reden und gehört zu werden, mit dem Interesse, das die Gemeinschaft an dem konkreten Redebeitrag haben kann. Ein 5-minütiger Beitrag ist zu lang, wenn ihn niemand hören will, wenn er nicht zum Gegenstand beiträgt oder wenn der Redende nicht als kompetent in der entsprechenden Sachfrage erlebt wird. Dann wurde der Raum zu *Unrecht* beansprucht. Ein 5-minütiger Redebeitrag ist zu kurz, wenn der Redende gehört werden soll, etwa weil er Wesentliches beizutragen hat oder als Autorität in der entsprechenden Sachfrage erlebt wird. Dann wurde der Raum zu *Unrecht* beschnitten. Das gesunde Rechtsempfinden sagt also nichts anderes als: Recht ist, wenn sich an dieser Stelle die gegenseitigen Verhältnisse aus einem freien Geistesleben ergeben; Unrecht ist, wenn sie durch Nachahmung des Gesetzes (man mag es „Regel", „Beschluss" oder wie auch immer nennen) definiert werden sollen. Dem Rechtsleben kann innerhalb der Schulverwaltung gerade nicht dadurch entsprochen werden, dass man dasselbe dort zu verwirklichen sucht, sondern allein dadurch, dass die Schulverwaltung mit dem Rechtsgefühl übereinstimmt, das heißt aber in diesem Beispiel: *dass* aus einem gemeinsamen Geist heraus gehandelt, *dass* das Wesentliche erfasst, *dass* fachliche Autorität erkannt wird, usw. Damit ist aber das *geistige Glied* des sozialen Organismus bezeichnet.

Beweisen lässt sich mit diesem Beispiel nichts. Wer will, findet unzählige weitere und einleuchtendere Beispiele zum Beweis für das Vorhandensein eines schulinternen Rechtsglieds. Denn wer sich nicht probeweise einmal ganz auf den Steinerschen Standpunkt stellen möchte, dem entgeht eben, wie sich alle diese „Beweise" in genau derselben Weise auflösen wie obiger. Es ist deshalb müßig und unfruchtbar, sie alle durchzunehmen. Auf ein Beispiel soll hier aber noch eingegangen werden, weil es recht alltäglich ist, und zudem vom Geschäftsführer einer Waldorfschule vorgebracht wurde, der die Entstehung dieser Schrift freundschaftlich begleitete. Er führte folgendes Beispiel an: Ein Lehrer beginnt jeden morgen 15 Minuten später als alle anderen mit dem Unterricht, und argumentiert dabei mit der Freiheit des Geisteslebens. Die Kollegen empfinden das aber als Unrecht - man habe eine Form der Zusammenarbeit vereinbart und diese gelte für alle gleichermaßen. Hier sei das Ideal der Gleichheit maßgebend, womit das Vorhandensein eines schulinternen Rechtslebens bewiesen wäre.

Genau besehen verhält es sich mit diesem Beispiel jedoch nicht anders als mit allen übrigen. Es ist darin aber zudem der Ausdruck „Gleichheit“ so äußerlich genommen, dass er den Blick auf die Zusammenhänge verstellt. Der *Quell* des freien Geisteslebens ist das individuelle Urteil. Das *Ergebnis* individuellen Urteilens kann nichtsdestotrotz „gleich“ sein. Wie in dem Kapitel „Einmütigkeit statt Demokratie“ dargelegt, ist damit sogar der Kernpunkt des freien Geisteslebens gekennzeichnet. Wenn es also richtig ist, dass alle Lehrer morgens zur selben Zeit mit dem Unterricht beginnen, dann, weil es richtig ist im Sinne einer Notwendigkeit der gemeinsamen pädagogischen Arbeit. Und dem Lehrer, der diese Notwendigkeit nicht zugeben will und deshalb seine vermeintliche „Freiheit“ ins Feld führt, braucht nichts weiter entgegengehalten zu werden als wiederum Freiheit - es steht dem Kollegium frei, mit jenem Lehrer auf diese Art zusammenzuarbeiten, oder eben nicht. Das Rechtsleben greift hier nur insofern ein, als der Einzelne die Gemeinschaft nicht zwingen kann, mit ihm zusammenzuarbeiten, und im Falle einer rechtmäßigen Kündigung das gegenwärtige Arbeitsrecht, d.h. wiederum das allgemeine, schul-externe Recht, berührt wird.

Wo das freie Urteil nicht zu gemeinsamer Einsicht führt, ist eine freie Zusammenarbeit selbstverständlich nicht möglich. Zu den Gestaltungsmitteln eines freien Geisteslebens gehört deshalb wesentlich auch die Freiheit, sich trennen zu können. Das ist gerade das Missverständnis, dass man den Begriff der Freiheit nicht in seiner praktischen Konkretion zu Ende denken will, sondern immer dort, wo es praktisch werden soll, das Recht einspannen möchte. „Freiheit“

bleibt dann ein philosophischer Begriff und verwandelt sich nicht in sozialgestaltende Kraft, d.h. nicht in ein „freies Geistesleben". Das Rechtsleben wiederum pervertiert dabei nach innen hin, indem es die fehlende Einsicht ersetzen und Gemeinschaft erzwingen soll. Im Begriff einer freien Gemeinschaft liegt aber, dass sie sich nicht erzwingen lässt, so unangenehm das in der praktischen Konsequenz auch sein mag. Tatsächlich ist das Kollegium in der von jenem Geschäftsführer skizzierten Situation mehr denn je dazu aufgerufen, das Rechtsgefühl nicht auf das Geistesleben überkochen zu lassen und nicht im Namen einer bloß diffus gefühlten „Gemeinschaft" auf pseudo-demokratische Scheingefechte zu verfallen, sondern die Gemeinschaft konkret zu nehmen im Sinne der freien Begegnung konkreter Individualitäten und entsprechend zu handeln - was auch immer das im Einzelnen bedeuten mag. Dann wirkt es praktisch für eine Dreigliederung des sozialen Organismus.

Hinter dem Steinerschen Ideal der Gleichheit, wie es im *Rechtsleben* verwirklicht werden soll, steht dagegen etwas ganz anderes als die formale „Gleichheit" der geistigen Grundlage zusammenarbeitender Fachleute. Im Sinne des Rechtslebens ist die Gleichheit nämlich nicht nur Ergebnis, sondern zugleich *Quell* des Urteils. Wenn dasjenige sich im Urteil ausdrückt, was die Erkenntnis, das Fachurteil unerheblich werden lässt, was also der Meinung des Straßenkehrers dasselbe Gewicht verleiht wie der Meinung des Lehrers, dann entsteht „Recht" im Steinerschen Sinn. Es kann also keine Rede davon sein, dass das Rechtsleben durch die hier vertretene Auffassung nicht wertgeschätzt werde - ganz im Gegenteil. Es wird dadurch erst in seiner wahren Bedeutung gewürdigt. Was das Mitglied der Schulgemeinschaft gegenüber dem anderen Mitglied so fühlt, dass darin der allgemeine Menschenwert zum Ausdruck kommt, so dass also der eine dem anderen als Gleicher gegenübertritt, stellt ihn auch jedem anderen Menschen als Gleichen gegenüber, ob innerhalb oder außerhalb der Schulmauern. Das verlangt per Definition danach, für den Menschen als solchen und damit für jeden Menschen Geltung zu haben. Seine „Verwirklichung“ im Sinne einer demokratischen Verwaltung kann nur der Staat selber sein. Im kollegialen Miteinander dagegen findet dasselbe Rechtsgefühl, wie jeder andere Weltinhalt auch, seine *individuelle* Antwort, woraus sich der Gegenpol einer demokratischen Verwaltung ergibt - das freie Geistesleben. Das Recht lebt hier in einem geistigen Sinn, d.h. als die sich im Zwischenmenschlichen heranbildende individuelle Fähigkeit, das Rechte zu fühlen und danach zu handeln. Dieses schulinterne „Recht“, sofern man es unbedingt so nennen möchte, kann schlechterdings nicht als Norm wirken, sondern muss sich gewissermaßen im Fluidum der freien Begegnung entwickeln dürfen. Es ist noch eingetaucht in die individuellen Fähigkeiten und weder getrennt zu denken von der *Erkenntnis* des gemeinsamen Gegenstands noch von der freien gegenseitigen *Anerkennung.* Allein auf diese individuellen Fähigkeiten selbst muss man sehen, um die Gesichtspunkte für die *Verwaltung* einer freien Schule zu finden. Kann sich die Schulverwaltung rein aus den Gesetzmäßigkeiten des Geisteslebens heraus entfalten, wirkt sie allerdings auf das Rechtsgefühl so, dass jenes gerade dadurch immer sicherer das Rechte fühlen wird. Und dieses Rechte wird sich dann eines Tages in den Gesetzen des Staates niederschlagen.

So wie das Geistesleben seine *äußere* Entsprechung in der Schulverwaltung sucht, so sucht das Rechtsleben die seine in der Staatsverwaltung. Es ist durchaus möglich, dass die Mitglieder einer Schulgemeinschaft deutlicher als andere empfinden, was das gegenwärtige Rechtsleben fordert, und insofern ihrer Zeit vorauseilen. Gerade dann werden sie diese Forderungen jedoch nicht schulintern, gewissermaßen als Sonderrecht, sondern auf demokratischem Boden zu verwirklichen suchen. Die Forderung nach Schulfreiheit z.B. ist eine solche Forderung. Sie kann wie jedes Recht nur dadurch verwirklicht werden, dass sich die staatliche Gewalt mit einem entsprechenden Rechtsbegriff verbindet. Etwas ganz anderes ist das tatsächliche Leben der Freiheit im konkreten Miteinander. Dieses Leben kann sich seinerseits nur in dem Maß verwirklichen, als die normierende Qualität des demokratischen Prinzips zugunsten der Gesetzmäßigkeiten des Geisteslebens zurücktritt. So schließen sich die beiden Glieder zusammen.

Diese Art der Gliederung und gegenseitigen Befruchtung der sozialen Prozesse ist gemeint mit dem Ausdruck „soziale Dreigliederung". Dafür kann diejenige Wissenschaft, die nicht auf dem Boden eines freien Geisteslebens steht, sondern von staatlicher Anerkennung abhängt (die „akademische" Wissenschaft), naturgemäß kein Verständnis erringen, nicht zuletzt deshalb, weil sie mit einem solchen Verständnis zugleich sich selbst in Frage stellen würde. Es ist deshalb nur natürlich, dass sich Rudolf Steiners Idee einer sozialen Dreigliederung in dem selben Maß, in dem sich die akademische Wissenschaft ihrer annimmt, in ihr Gegenbild verkehrt: Aus dem Steinerschen Impuls, die Wissenschaft aus dem Staat herauszulösen, wird unter der Obhut staatlich legitimierter Wissenschaft ein betriebswirtschaftliches „Steuerungsinstrument" für staatlich anerkannte Bildungs-Betriebe. Und der Begriff des dreigliedrigen sozialen Organismus erscheint in diesem Zusammenhang als Ordnungsschema für dasjenige, was sich in einer Schule eben äußerlich nachweisbar vorfindet und laut Steiner durch eine soziale Dreigliederung überwunden werden soll, das heißt: für die Verstrickung der drei Glieder in Gestalt der Institution „Schule".

Eine Spielart derselben Anschauung ist die Vorstellung, die von

Steiner angestrebten drei Verwaltungsorgane seien bereits auf gesamtgesellschaftlicher Ebene verwirklicht worden, nämlich als Staat, Wirtschaft und Zivilgesellschaft. Doch der Staat, der mit seinen Gesetzen in das Schulleben eingreift, fällt nicht zusammen mit dem Rechtsglied des sozialen Organismus, sondern ist seinerseits das Produkt des chaotischen Durcheinandergehens der nicht ergriffenen drei Glieder. Neben Rechtsimpulsen wirken in ihm auch wirtschaftliche und geistig-kulturelle Interessen. Davon muss scharf unterschieden werden, was Rudolf Steiner als Rechtsleben bezeichnet. Das Rechtsleben umfasst alles dasjenige, was sich berechtigterweise auf einen demokratischen Boden stellen will. Dieses Rechtsleben soll in Zukunft in einem „reinen Rechtsstaat" aufgehen, indem es Geistesleben und Wirtschaftsleben aus dem Staat „hinauswirft", wie Steiner sich ausdrückt. Gleichzeitig aber soll es daran gehindert werden, seine Gesichtspunkte auch für die Schulverwaltung geltend zu machen. Denn die Schulverwaltung soll sich, wie hier dargelegt, auf das ganz anders geartete freie Verhältnis von Individuum zu Individuum gründen.

Passt Rudolf Steiners Freiheitsbegriff in unsere Zeit?

Jeder wird für sich selbst entscheiden müssen, ob er sich und seinen Mitmenschen zutrauen möchte, was Steiner uns zutraute. Steiners kritische Analyse der Zeitverhältnisse erweist sich heute jedenfalls als treffender denn je. Mit der Unfreiheit des Geisteslebens wuchs die gefühlte Freiheit der persönlichen Belange. Mehr noch als zu Steiners Zeiten fühlt man sich heute im Allgemeinen frei, zumindest freier, als man sich vergangene Jahrhunderte vorstellt. Für gewisse Lebensbereiche mag das auch stimmen, nicht aber für das Bildungswesen. Beides hängt laut Rudolf Steiner miteinander zusammen:

Die Unfreiheit im Bildungswesen ist gewissermaßen ein Nebeneffekt der Befreiung anderer Bereiche. Der private Selbstverwirklichungstrip des modernen Ich-Menschen entzieht dem Geistesleben die Kräfte, die es bräuchte, um sich ökonomisch und moralisch selbst tragen zu können. Aber nicht nur der Liberalismus, sondern auch die Demokratie führt im Nebeneffekt zur Verknechtung des Geisteslebens: Gerade der mündig gewordene Bürger fühlt sich aufgerufen, in alle Lebensbereiche hineinzureden. Daher die zunächst kurios anmutende Äußerung Steiners, das Geistesleben sei vor dem Aufkommen von Liberalismus und Demokratismus freier gewesen.

Die äußeren Bedingungen für das, was Rudolf Steiner unter einer „freien Waldorfschule" verstand, sind schon seit 1920 nicht mehr gegeben, zumindest nicht in Deutschland. Es mag daher fragwürdig erscheinen, für die heute bestehenden Waldorfschulen den Ausdruck „freie Waldorfschulen" zu gebrauchen. Sofern er im Bewusstsein des Widerspruchs gebraucht wird und mehr ein Streben, ein tägliches Ringen um das Steinersche Ideal kennzeichnet, als einen vermeintlichen Status, ist er aber sicher berechtigt. Genau da liegt allerdings das Problem: Mit zunehmender Unfreiheit begegnet einem auch vermehrt eine Haltung, die das Streben nach Freiheit als Kritik, ja als unliebsame Störung des eigenen Betriebs versteht - glaubt man doch gerade Freiheit bereits zur Genüge zu besitzen. In diesem Phänomen sah Rudolf Steiner das größte Hindernis der Waldorfschulbewegung:

„Ich habe neulich einen Vortrag gehalten über die Idee der Dreigliederung, über die Notwendigkeit, das Geistesleben auf seine eigene Basis zu stellen. Es wurde mir in einer außerordentlich gutmütigen, gutmeinenden Weise erwidert: Hier bei uns ist es eigentlich nicht nötig, daß man sich über die Unfreiheit des Geisteslebens beklagt;

wir haben einen hohen Grad von Freiheit des Geisteslebens; uns spricht der Staat sehr wenig eigentlich in dasjenige hinein, was wir auf dem Gebiete des Schulwesens unternehmen. Meine sehr verehrten Anwesenden, die Leute, die so sprechen, sind das beste Zeugnis dafür, wie notwendig die Befreiung des Geisteslebens ist. Denn diejenigen, die noch spüren, wie unfrei sie sind, das sind die, die man noch besser brauchen kann. Diejenigen, die es aber nicht einmal mehr spüren, wie unfrei sie sind, die die schon in ihre Köpfe hineingetrichterten staatspädagogischen Ideen für ihre eigene innere Freiheit halten und keine Ahnung haben, wie weit die volkspädagogische Sklaverei geht, das sind diejenigen, die eigentlich alles aufhalten.“ [16]

Dabei waren sowohl die Verstaatlichung des Bildungswesens durch Gesetze, Schulverordnungen oder Zertifikate, als auch seine Ökonomisierung 1919 noch im Entstehen begriffen. Erst gegenwärtig kulminieren diese Kräfte in einer nachhaltigen Trockenlegung der Quellen des Geisteslebens, ausgehend von einem zentralistisch gelenkten Konglomerat aus Staats- und Wirtschaftsinteressen. Von den heutigen Waldorfschulen einen Freiheitsgrad erhoffen, wie er in Württemberg vor dem Aufstieg des Nationalsozialismus noch möglich war, hieße deshalb, unsere Zeit zu verkennen. Aus demselben Grund könnte aber Steiners Impuls, nicht für „Winkelschulen“ von Staates Gnaden, sondern für eine Befreiung des *Individuums* in allen Angelegenheiten des Geisteslebens öffentlich einzutreten und entsprechend freie Bildungszusammenhänge *neben* die bestehenden Institutionen (auch neben die eigenen) zu stellen, wieder verständlich werden.

Die drei Glieder des gesellschaftlichen Lebens so zu ergreifen, dass

[16] GA 337a [28], S. 178-179, 1/1999, 09.09.1920

eine freie Schule möglich wird, mag heute utopisch sein. Wenn dem so ist, dann ist es aber ganz sicher eine Utopie, trotzdem „freie“ Schulen gründen zu wollen. Vorsichtig kann man die gegenwärtige Lage vielleicht so beschreiben: Versteht man unter einer „freien Waldorfschule“ das, was Rudolf Steiner darunter verstand, befinden sich die heutigen Waldorfschulen irgendwo zwischen einer freien Waldorfschule und einer staatlichen Waldorfschule. Eine Bewertung dieser Tatsache steht mir nicht zu - die vielen ehemaligen Waldorfschüler, die heute dankbar auf die besondere Leistung ihrer Lehrer zurückschauen, sind sicher ein Beweis für die Berechtigung des eingeschlagenen Wegs. Andererseits ist der Weg ja noch nicht zu Ende gegangen - vielleicht eröffnet die Rückbesinnung auf die ursprüngliche Bedeutung des Ausdrucks „freie Waldorfschule“ Perspektiven, die gerade heute wieder fruchtbar und in diesem Sinn ganz „neu“ erscheinen könnten.

Das Denken des Steinerschen Freiheitsbegriffs ist ein ausgezeichnetes Mittel, um für die eigene Unfreiheit aufzuwachen. Gleichzeitig befreit es von Steiner selbst und verhindert Autoritätsgläubigkeit. Denn nicht diejenigen, die Steiners radikale Gedanken zu Ende denken, bleiben an ihm kleben, sondern all jene, die ihn extra verbiegen müssen, damit er die eigene Praxis scheinbar absegnet. Wer dagegen den von Rudolf Steiner aufgezeigten Begriff der Freiheit stehen lassen kann, um dann trotzdem „nur“ entsprechend den eigenen Möglichkeiten tätig zu werden, gewinnt das Erleben eines Widerspruchs - und damit die Chance, den Steinerschen Begriff als *Ideal* wirksam werden zu lassen. Deshalb soll in der folgenden Zusammenstellung Rudolf Steiner selbst zu Wort kommen. Mag der Steinersche Begriff einer „freien Waldorfschule“ bekannter werden - einen freien Menschen wird er nicht hindern können, die Wege zu gehen, die ihm aus *eigenen* Gründen, seien sie äußerer (gesellschaftlicher) oder innerer (seelischer) Natur, als notwendig und richtig erscheinen.

Johannes Mosmann

Förderer werden

Das Institut für soziale Dreigliederung lebt von Ihrer Spende. Bitte unterstützen Sie unsere weitere Arbeit, damit wir die Idee der sozialen Dreigliederung öffentlich verbreiten, ihre Vertiefung anregen, und mit praktischen Initiativen fördern können.

Kontoinhaber: Institut für Dreigliederung
Konto 1136056200
BLZ 43060967
IBAN: DE80430609671136056200
BIC: GENODEM1GLS
Bankinstitut: GLS-Bank

Spendenportal:
www.dreigliederung.de/institut/spenden.php

Da das Institut gemeinnützig ist, können Sie Ihre Spende von der Steuer absetzen. Geben Sie uns dazu über das Online-Spendenformular Name und Adresse an, damit wir Ihnen eine Spendebescheinigung ausstellen können.

Quellentexte

Ein Waldorflehrer hat keine Instanz über sich

Quelle: GA 298 [8], S. 80-82, 2/1980, 13.01.1921

Die Dinge, die bei uns gepflegt werden, sind wirklich aus dem herausgeholt, was ich Menschenkenntnis genannt habe. Und das ist eben gerade das Charakteristische unserer Schule. Deshalb ist es ja auch, daß im Grunde genommen, soviel wir sehen können, die Kinder außerordentlich gern in die Schule kommen. Ich komme ja immer von Zeit zu Zeit in die Schule und nehme am Unterricht teil. Wir streben an, so aus der Natur des Kindes heraus zu arbeiten, daß das Kind gewissermaßen das Gefühl erhält: Ich möchte ja das wissen, das können, was ich da wissen und können soll - und daß es nicht das Gefühl hat, es werde ihm etwas aufgezwungen. Das muß man natürlich für jeden Schulgegenstand, weil ja jeder anders ist, wiederum in einer besonderen Weise herausbilden.

Und dann muß der ganze Unterricht durchdrungen sein von einem gewissen Erziehungsprinzip. Das läßt sich nur dadurch gewinnen, daß der Lehrer selber ganz im geistigen Leben drinnen steht. Das kann er nicht, wenn er nicht auch die Verantwortlichkeit kennt gegenüber dem geistigen Leben. Aber, meine sehr verehrten Anwesenden, die große Verantwortlichkeit gegenüber dem geistigen Leben, die hat man nur dann, wenn sie einem nicht ersetzt werden soll durch ein bloß äußerliches Verantwortlichkeitsgefühl. Wenn man sich bloß richtet nach dem, was Verordnung ist für jedes Schuljahr, dann glaubt man sich auch frei von der Notwendigkeit, von Woche zu Woche erlebend darüber nachzuforschen, was man mit Bezug auf den einzelnen Gegenstand in der Schule vorzunehmen hat, und wie man es vorzunehmen hat. Dieses immer fort und fort aus dem lebendigen geistigen Quell Herausschöpfen, das ist das, was unseren Lehrern eigen sein soll. Da muß man sich dem geistigen Leben gegenüber verantwortlich fühlen. Dann muß man das geistige Leben frei wissen, dann muß die Schule Selbstverwaltung haben, dann darf nicht der Lehrer ein Beamter sein; er muß vollständig sein eigener Herr sein; denn er erkennt einen erhabeneren Herren an als eine äußere Instanz, das geistige Leben selber, zu dem er in einer unmittelbaren Beziehung steht, nicht durch Schulbehörden, durch Rektoren oder Schulinspektoren oder Oberschulräte, Studienräte und so weiter hindurch. Ein wirklich freies Schulleben hat dieses direkte Inbeziehungstehen zu den Quellen des geistigen Lebens notwendig. Denn nur wenn man dieses in sich hat, kann man auch den geistigen Quell im Schulzimmer den Kindern vermitteln. Das streben wir immer mehr und mehr an, das wollen wir. Und wir haben selbst in der Zeit, in der wir gewirkt haben, von Monat zu Monat sorgfältig geprüft, wie unsere Grundsätze, unsere Kunstregeln bei den Kindern wirken. Und in den folgenden Jahren wird manches schon unter anderen Gesichtspunkten, unter vollkommeneren Gesichtspunkten sich vollziehen als im vorhergehenden. Und so möchten wir gerade aus einem unmittelbaren Leben, wie das nicht anders sein kann, wenn es aus geistigen Untergründen heraus fließt, diese Schule leiten.

Fürchten Sie durchaus nicht, daß wir aus dieser Schule eine Weltanschauungsschule machen wollen und etwa anthroposophische oder andere Dogmen den Kindern eintrichtern wollen. Das fällt uns nicht ein. Wer so etwas sagen würde, daß wir den Kindern gewisse Dinge, die gerade anthroposophische Überzeugungen sind, beibringen wollen, der würde nicht die Wahrheit sagen. Wir wollen vielmehr gerade aus dem, was uns Anthroposophie ist, eine pädagogische

Kunst entwickeln. Das «Wie» im Unterricht, das ist es, was wir gewinnen wollen aus unserer geistigen Erkenntnis. Nicht wollen wir den Kindern dasjenige eintrichtern, was wir meinen, sondern wir glauben eben, daß sich Geisteswissenschaft von jeder anderen Wissenschaftsart dadurch unterscheidet, daß sie den ganzen Menschen ausfüllt, ihn auf allen Gebieten geschickt macht, vor allen Dingen in Bezug auf die Behandlung von Menschen. Auf dieses «Wie» wollen wir sehen, nicht auf das «Was». Das «Was» ergibt sich aus den sozialen Notwendigkeiten; das muß man mit vollem Interesse ablesen an dem, was der Mensch wissen und können soll, wenn er sich als tüchtiger Mensch in die Zeit hineinstellen soll. Aber das «Wie», wie den Kindern etwas beizubringen ist, das ergibt sich nur aus einer gründlichen, tiefen und liebevollen Menschenerkenntnis. Die soll walten und wirken in unserer Waldorfschule. [...]

Wir brauchen in unserer Lehrerschaft und in all denjenigen, die mit unserem Unterrichten verbunden sind, ein fortwährendes Leben in Liebe zum Lehren, in Liebe zur Kinderbehandlung. Es wird diese dadurch erreicht, daß hinter unserer Lehrerschaft und hinter allen denen, die mit unserer Schule zu tun haben, ein wirkliches, geistiges Leben steht, ein geistiges Leben, das es ehrlich und aufrichtig mit dem geistigen, dem wirtschaftlichen, dem staatlichen Aufschwung und Fortschritt der Menschheit meint. Es wird dadurch erreicht, daß diese Gesinnung des Unterrichtens, daß die Geschicklichkeit in der Unterrichtskunst, wie sie in unserer Schule wirken sollen, umgeben sind von dem Wall, den verständnisvoll uns entgegenkommende, unserer Schule in herzlicher Freundschaft zugetane Eltern bilden. Haben wir diese, dann, meine lieben Freunde, wird das Werk unserer Schule gelingen, und wir können überzeugt sein, meine lieben, verehrten Anwesenden, daß, indem wir Gutes tun an unserer Schule, an Ihren Kindern, wir auch zu gleicher Zeit ein Gutes tun an der ganzen Menschheit, wie sie sich in die Zukunft hinein entwickeln soll. Denn ein richtiges Erziehungswerk, ein richtiges Schulwerk tun, heißt zu gleicher Zeit ein ernstes, wahres Werk des Menschenfortschritts tun.

Erziehungskunst nur durch Dreigliederung möglich

Quelle: GA 297a [27], S. 29-30, 1/1998, 24.02.1921

Diejenigen Menschen, die heute von Ideologie reden, sind durch unsere Schulen hindurch gegangen. Wir brauchen aber eine Menschheit, die tatsächlich aus dem tiefsten Innern heraus soziale Impulse entwickelt. Die muß aus anderen Schulen hervorgehen. Was aus den Schulen, die wir so bewundern, hervorgegangen ist: wir haben es heute im sozialen Chaos gegeben. Wir brauchen eine Menschheit, welche so erzogen ist, daß die Erziehung wirklicher, umfassender Menschenkenntnis entspricht. Damit ist dasjenige hingestellt, was die Erziehungsfrage auch zu einer universellen, sozialen Frage macht. Man wird sich entweder entschließen müssen, in der Erziehungsfrage in diesem Sinne eine soziale Frage zu sehen, oder man wird blind sein gegenüber den großen sozialen Forderungen der Gegenwart. Aber man muß empfinden, was für den Lehrenden, für den Unterrichtenden notwendig ist, um eine solche Erziehung zu üben, um so die Menschenerkenntnis in pädagogisch-didaktische Kunst übergehen zu lassen. Man muß empfinden, daß das nur möglich ist, wenn der Lehrende, der Unterrichtende keiner anderen Norm zu folgen braucht als der Norm, die in seinem eigenen Innern ist. Verantwortlich dem Geiste, den er erlebt, muß der Lehrer, der Erzieher sein. Das ist nur möglich innerhalb der Dreigliederung des sozialen Organismus, in einem freien Geistesleben. Solange das Geistesleben auf der einen Seite vom Wirtschaftsleben, auf der anderen Seite vom Staatsleben abhängig ist, so lange steht der Lehrer im Banne des Staates oder des Wirtschaftslebens. Sie werden, wenn Sie die Zusammenhänge studieren, schon finden, wie der Bann beschaffen ist.

In Wahrheit kann man heute ja nur ein Surrogat einer freien Schule begründen. Es ist in Württemberg möglich gewesen, die Waldorfschule als eine freie Schule zu begründen, in der lediglich Anforderungen pädagogischer Kunst herrschen, bevor der Sozialismus das neue Schulgesetz geschaffen hat.

Wenn Freiheit herrschen soll, dann muß jeder Lehrer unmittelbar in die Administration eingreifen; dann muß der wichtigste Teil des Geisteslebens - wie überhaupt dieses ganze Geistesleben - seine freie Selbstverwaltung haben. Man kann sich ein Geistesleben, in dem solche freien Schulen allgemein sind, nicht anders denken als so, daß vom Lehrer der niedersten Volksschulklasse bis hinauf zum höchsten Unterrichtenden alles in Korporationen zerfällt, die nicht irgendwelchen staatlichen oder Wirtschaftsbehörden unterstellt sind, die von keiner Seite Weisungen erhalten. Was in der Verwaltung geschieht, muß so geschehen, daß jeder Lehrer und Unterrichtende nur so viel Zeit zu lehren oder unterrichten braucht, daß ihm noch so viel Zeit übrig bleibt, um mit zu verwalten. Nicht etwa diejenigen, die pensioniert sind oder die sich herausgelöst haben aus dem lebendigen Unterricht und der Erziehung, sondern diejenigen, die gegenwärtig unterrichten und erziehen, sollen auch die Administratoren sein. Daher ergibt sich als selbstverständlich die Autorität der Tüchtigen. Man versuche nur einmal eine solche Selbstverwaltung, und man wird finden: weil man denjenigen braucht, der wirklich etwas leisten kann, wird sich seine Autorität auf selbstverständliche Art geltend machen. Wenn das Geistesleben sich selbst verwaltet, wird es nicht notwendig sein, diese Autorität einzusetzen oder dergleichen. Man lasse dieses freie Geistesleben nur einmal entstehen, und man wird sehen: weil die Menschen den Tüchtigen brauchen, werden sie ihn auch finden.

Ich konnte nur skizzenhaft auf die Dinge hinweisen, aber Sie werden doch gesehen haben, wie zu einem wirklichen pädagogischen Künstlertum das freie Geistesleben vorausgesetzt werden muß. Wir können sehen, wie sich die Notwendigkeit ergibt, aus dem gesamten sozialen Organismus zunächst das freie Geistesleben herauszugliedern.

Anthroposophie braucht soziale Dreigliederung

Quelle: GA 196 [25], S. 122-123, 2/1992, 31.01.1920

Also es handelt sich darum, gerade das zu schaffen, wodurch man im Geistesleben erst in der Lage ist, alle Impulse dieses Geisteslebens geltend zu machen. Denken Sie sich daher, wie frivol, wie oberflächlich es ist, wenn jemand sagt, Anthroposophie solle sich nicht auf das Gebiet der Politik versteigen, während sie gerade fordert, daß eine solche soziale Ordnung geschaffen werden soll, durch die das möglich ist, daß das Geistesleben sich nicht mehr mit Politik befasse. Es soll ja gerade eine Politik geschaffen werden, durch die das Geistesleben seine eigene Verwaltung, seine eigene innere Organisation hat. Und nicht mehr soll es nötig sein, daß man, wenn man eine Schule gründen will, oder einen Lehrplan ausarbeiten will, sich an die politische Behörde oder an den staatlichen Lehrplan zu wenden hat; denn dadurch wird man ja gerade abhängig von der Politik. Sie sehen an diesem Beispiel, was klares, scharfes Denken bedeutet, und wie diejenigen denken, die heute eben aus irgendwelchen Dingen, die ihnen angeflogen sind, ein Urteil fällen über das, was aus den Impulsen des geistigen Lebens heraus geschöpft ist. Denn der

Dreigliederungsgedanke ist aus der Initiationswissenschaft heraus geschöpft. Und derjenige, der da sagt, es soll sich anthroposophisch orientierte Geisteswissenschaft nicht mit dem Dreigliederungsgedanken befassen, der versteht erstens nicht, klar zu denken, er denkt konfus; zweitens aber versteht er gar nichts von dem wirklichen Impuls der Geisteswissenschaft, denn er weiß nicht, daß diese Sache im Zusammenhange mit den großen Forderungen unserer Zeit gerade aus dem Impulse der Geisteswissenschaft herausgeholt ist.

Trennung des Schulwesens vom Staatswesen

Quelle: GA 337a [28], S. 41-42, 1/1999, 25.05.1919

Wir kommen nicht zur Möglichkeit, tatsächlich vorwärtszugehen, wenn wir nicht imstande sind, den radikalen ersten Entschluß zu fassen, diese Dreigliederung durchzuführen, das heißt das Geistesleben und das Wirtschaftsleben wirklich zu entreißen dem Staatsleben. Ich bin überzeugt, daß heute sehr viele Leute sagen, diese Dreigliederung würden sie nicht verstehen. Sie sagen das wohl deshalb, weil sie ihnen zu radikal ist, weil sie keinen Mut haben dazu, nun wirklich im einzelnen die Sache zu studieren und durchzuführen. Nicht wahr, darum handelt es sich wirklich, daß wir es nicht zu tun haben mit Übermenschen, sondern mit den Menschen, wie sie wirklich sind, und das zu machen, was man eben mit ihnen machen kann. Dann kann man sehr viel machen, wenn man nicht ausgehen will von diesem oder jenem Vorurteil. Man müßte wirklich einmal das Unterrichtswesen auf die eigene Basis stellen und es von denjenigen bloß verwalten lassen, die darinstehen. Aber die Leute können sich kaum etwas darunter vorstellen, während es doch eigentlich eine Sache ist, die, wenn man sie sich vorstellen will, bereits gegeben ist. Also, das Schulwesen muß zunächst ganz getrennt vom Staatswesen gedacht werden. Es ist ganz ausgeschlossen, daß wir weiterkommen, wenn wir uns nicht zu diesem radikalen Denken aufschwingen, die Schule, ja das ganze Bildungswesen herauszubringen aus dem Staat.

Waldorfschule sinnlos ohne Befreiung aller Schulen und Universitäten

Quelle: GA 337b [29], S. 248, 1/1999, 12.10.1920

Wenn diejenigen, die schwärmen für die Ideen der Waldorfschule, nicht einmal soviel Verständnis entwickeln, daß ja dazu gehört, Propaganda zu machen gegen die Abhängigkeit der Schule vom Staat, mit allen Kräften dafür einzutreten, daß der Staat diese Schule loslöst, wenn Sie nicht auch den Mut dazu bekommen, die Loslösung der Schule vom Staat anzustreben, dann ist die ganze Waldorfschul- Bewegung für die Katz, denn sie hat nur einen Sinn, wenn sie hineinwächst in ein freies Geistesleben. Zu alledem brauchen wir das, was ich nennen möchte ein internationales Streben für jegliches Schulwesen, aber ein internationales Streben, das nicht etwa bloß jetzt in der Welt herumgeht und überall Grundsätze verbreitet, wie Schulen eingerichtet werden sollen - das wird schon geschehen, wenn vor allen Dingen die Gelder beschafft werden für solche Schulen. Was wir brauchen, ist ein Weltschulverein in allen Ländern der Zivilisation, daß so schnell wie möglich die größte Summe von Mitteln herbeigeschafft werde. Dann wird es möglich sein, auf Grundlage dieser Mittel dasjenige zu schaffen, was der Anfang ist eines freien Geisteslebens. Daher versuchen Sie, die Sie irgendwo hinkommen in der Welt, zu wirken dafür, daß nicht bloß durch allerlei idealistische Bestrebungen gewirkt wird, sondern daß gewirkt werde durch ein solches Verständnis für die Freiheit des Geisteslebens, daß wirklich im weitesten Umfange für die Errichtung freier Schulen und Hochschulen in der Welt Geld beschafft werde. Es muß aus dem Dünger der alten Kultur dasjenige herauswachsen, was Geistesblüte der Zukunft sein wird.

Weltbewegung für Freiheit statt Waldorfschulen gründen

Quelle: GA 300a [1], S. 289, 4/1975, 26.05.1921

Es ist schon soviel Kraft verpufft worden, indem man immer wieder neue Sachen unternimmt, die eigentlich aussichtslos sind. In der Schweiz kann man sich den Luxus gönnen, auch unter der Lehrerschaft zu agitieren. Wir haben es erlebt beim Osterkurs, daß die Schweizer gesagt haben: Bei uns sind die Schulen frei. Die Schweizer Schulen sind ganz versklavt. Ich glaube nicht, daß wir uns dafür zu ereifern brauchen. Wir können das Waldorfschul-Prinzip nur zum Modell machen. Eine zweite Schule werden wir nicht mehr errichten können. Sie wird ein Modell bleiben, so daß wir also auch nicht etwas anderes brauchen, als diese Schule als Modell zu erhalten, bis daß man sie aus Wut aufhebt. Einen Sinn hat es jetzt nur, gegen dieses Schulgesetz mit einer Weltbewegung sich aufzulehnen. Es ist die höchste Zeit, für den Weltschulverein etwas zu tun. Es handelt sich darum, den Weltschulverein ins Leben zu rufen, so daß eine Riesenbewegung für die Verselbständigung des Unterrichtswesens, für die Befreiung des Schulwesens international durch die Welt ginge. Deshalb glaube ich, wir sollten jetzt diese Schule mit ihrer Schülerzahl so innerlich gediegen wie möglich machen, und nach oben ausbauen. Jedes Jahr eine neue Klasse, und nach oben ausbauen.

Anmerkung: Gemeint ist die erste Waldorfschule, nämlich die von Rudolf Steiner begründete freie Schule in Stuttgart. Steiner betonte wiederholt, dass die Gründung nur aufgrund der besonderen Gesetzeslage in Württemberg möglich war, die erlaubte, auf Lehrpläne zu verzichten und Lehrer ohne staatlich anerkannte Ausbildung zu beschäftigen. Zwar trat am 11. August 1919 und damit im Gründungsjahr der Waldorfschule die Weimarer Verfassung in Kraft, die zum ersten Mal alle Schulen der staatlichen Aufsicht unterstellte. Aufgrund der Länderhoheit griff das Gesetz jedoch nur langsam. Von der umfassenden staatlichen Reglementierung der Gegenwart waren zu Steiners Lebzeiten somit erst zaghafte Vorläufer zu spüren. Durch das „Grundschulgesetz“ von 1920 wurde allerdings der Besuch einer staatlich anerkannten Grundschule zur Pflicht erklärt. Manche interpretieren Steiners Absage an die Gründung weiterer Waldorfschulen deshalb als Kurzschlussreaktion auf die scheinbar drohende Schließung der unteren Klassen der freien Waldorfschule Stuttgart. Tatsächlich hatte Steiner jedoch grundsätzlich die Genehmigungspflicht von Schulen, Lehrern usw. im Auge, wie die folgenden Zitate belegen.

Warum keine zweite Waldorfschule gegründet werden kann

Quelle: GA 300c [3], S. 49, 4/1975, 03.05.1923

Das, wodurch wir die Möglichkeit des Bestehens haben, das ist eine Lücke im württembergischen Volksschulgesetz gewesen, daß man Schulen einrichten konnte ohne staatlich genehmigte Lehrerschaft. Das hätten wir nicht erreichen können, wenn wir eine Mittelschule hätten errichten wollen. Die Behörde hätte dann in Württemberg geprüfte Lehrer verlangt. Wir leben von einer Lücke im Gesetz, die bestand vor der „Befreiung“ Deutschlands, im alten Regime. Heute könnte man auch hier nicht mehr eine Waldorfschule errichten. Jetzt duldet man uns, weil man sich geniert, uns nicht zu dulden. Aber alle die Schulen, die heute anderswo versucht werden, im Grunde ist es Mumpitz. Die müssen Lehrer haben, die geprüft sind. Es wird keine zweite Waldorfschule mehr gestattet unter den gegenwärtigen Verhältnissen.

Wo Lehrergenehmigungen nötig sind, ist es keine echte Waldorfschule

Quelle: GA 338 [16], S. 125-126, 4/1986, 15.02.1921

Sehen Sie, man bekommt immer wieder und wiederum von verschiedensten Seiten her mitgeteilt, daß nach dem Muster der Waldorfschule Schulen eingerichtet werden sollen. Manche Leute sagen einem: Wir können solche Schulen, sobald wir Geld haben, gleich einrichten. - Ich frage sie immer: Ja, wie wollt Ihr das nachher machen ? - Sie antworten: Wir wollen Sie fragen, welche Lehrer wir nehmen sollen. - Ich sage ihnen: Ich werde nur teilweise in Betracht kommen bei der Lehrerwahl, denn es gibt die gesetzlichen Bestimmungen, daß nur solche Lehrer verwendet werden dürfen, die durch die staatlichen Prüfungen gegangen und abgestempelt sind. Also es kommt ja das gar nicht heraus, was herauskommen müßte, wenn Waldorfschulen errichtet werden sollen. Man müßte ja davon ausgehen, daß man zunächst eine vollständig freie Wahl der Lehrer hat, die ja nicht ausschließt, daß auch einmal ein staatlich abgestempelter Lehrer gebraucht werden kann. Aber es dürfte nicht die Notwendigkeit vorliegen, daß nur solche verwendet werden dürfen, denn sonst stehen wir nicht in der Dreigliederung drinnen.

Denn nicht darauf kann es ankommen, innerhalb des gegenwärtigen Systems Schulen zu gründen, in denen man Surrogate des Unterrichts schafft, indem man einfach glaubt, den Kurs befolgen zu können, den ich gegeben habe, sondern darauf kommt es an, daß man das Prinzip verfolgt auf diesem Gebiet: Freiheit im Geistesleben. - Dann ist mit einer solchen Schule ein Anfang der Dreigliederung gemacht. Rufen Sie daher in den Leuten nicht falsche Vorstellungen hervor, indem Sie ihnen den Glauben beibringen, man könne brav in den alten Verhältnissen bleiben und trotzdem Waldorfschulen gründen, sondern rufen Sie die Vorstellung hervor, daß in der Schule in Stuttgart wirklich freies Geistesleben ist. Denn da gibt es kein Programm und keinen Lehrplan, sondern da gibt es den Lehrer mit seinem realen Können, nicht mit der Verordnung, wieviel er können soll. Man hat es mit dem wirklichen, realen Lehrer zu tun. Es ist noch immer besser, wenn man einen schlechteren wirklichen Lehrer ins Auge faßt, als wenn man einen ins Auge faßt, der einfach in der Verordnung drinnensteht, der nicht real ist. Und man hat es, wenn man unterrichtet, mit den Schülern zu tun und hat es zu tun mit demjenigen, womit die sechs Wände der Klasse ausgefüllt sind, nicht mit dem, was man in den Verordnungen Lehrmaterial, Lehrmethode und so weiter nennt. Und das ist es, worauf man hinweisen muß: daß man es mit Realitäten zu tun haben soll.

Lieber langsames Wachstum als Lehrgenehmigung akzeptieren

Quelle: GA 338 [16], S. 186-187, 4/1986, 17.02.1921

Ebenso würden wir niemals in Wirklichkeit freie Schulen wie die Waldorfschule errichten, wenn wir zugeben würden, daß aus den staatlichen Einrichtungen heraus die Lehrer genommen würden, daß also mit den Lehrern die staatliche Approbation der Lehrer mitgenommen werden müßte. Wenn man sagt, wir könnten eine freie Schule errichten, könnten das aber nur erreichen, wenn wir staatlich abgestempelte Lehrer finden, so bezeugt das, daß man von der Sache nichts versteht. Denn das bedeutet nichts anderes als dieses, daß man stehenbleibt bei dem Alten und es nur im modernen Sinne auffrisiert, also den Leuten Sand in die Augen streut. Und dazu ist die Zeit zu ernst. Was im Sinne der Dreigliederung vertreten werden soll, ist dasjenige, was die wirkliche Dreigliederung in sich hält, selbst auf die Gefahr hin, daß die praktischen Einrichtungen wegen des Widerstandes der Menschen nicht gleich erfolgen können. Das Wichtigste ist heute, daß die Dreigliederungsidee in möglichst viele Köpfe hinein kommt.

Staat soll selber prüfen

Quelle: GA 300a [1], S. 191-192, 4/1975, 29.07.1920

Dann ist da die Frage der Reifeprüfung. Das ist eine nicht ganz leichte Sache aus dem Grunde, weil wir dadurch, daß wir auf die staatliche Anerkennung unserer Mittelschule hinarbeiten, ja eigentlich unserem Prinzip untreu werden. Wir bringen uns in Abhängigkeit vom Staate. Wir haben nicht mehr das Recht, von einer staatsfreien Schule zu reden. Wir bleiben nur treu, wenn wir die Kinder einfach darauf verweisen, daß sie sich einfach prüfen lassen müssen, falls sie eine Staatsanstellung wollen; daß sie sich prüfen lassen müssen auf einer Staatsschule, die ihnen das Recht gibt, eine Universität zu besuchen. Sobald wir mit dem Staate zu verhandeln anfangen, begeben wir uns in seine Abhängigkeit. Er wird wahrscheinlich auch die Bedingung stellen, daß irgendein staatlich modellierter Studienrat auch bei unserer Abgangsprüfung erscheinen soll. Die dürfen wir nicht in die wirkliche substantielle Einrichtung hineinlassen. Wenn sie die Schule anschauen wollen, da mögen sie es tun, wenn sie herumlungern. Aber in wirkliche Verhandlungen können wir uns nicht einlassen. Wir werden nicht untreu, wenn sich die Kinder, die doch in Abrahams Schoß zurückkehren, staatlich prüfen lassen. Einen wirklichen Sinn hat die Begründung der 9. Klasse nur dann, wenn wir die Begründung einer vollständig freien Hochschule in Aussicht nehmen. Es hat nur einen Sinn, wenn wir eine freie Hochschule zu gleicher Zeit in Aussicht nehmen, und dann kann es uns egal sein, wie diese Reifeprüfung entschieden wird. Dann wird nur die Hochschulberechtigungsfrage in Aussicht genommen werden müssen. Das ist eine solche Frage, die wir vertagen. Bis dahin werden sich die Verhältnisse geändert haben, daß man einer solchen Hochschule die Anerkennung versagen kann.

Die Probe für die Gründung einer Waldorfschule

Quelle: GA 297a [27], S.40-42, 1/1998, 24.02.1921

Es hängt eben überall von den betreffenden Gesetzen ab, ob man solche Schulen wie die Waldorfschule begründen kann. Es richtet sich also durchaus im konkreten Sinn nach den einzelnen Ländergesetzen. Man kann ja versuchen, soweit zu gehen als eben möglich. Ich wurde zum Beispiel jüngst aufgefordert, Lehrer zu bestellen für eine Art anfänglicher Schule an einem anderen Ort, und ich sagte, wir müssen natürlich einmal die Probe machen. Ich bestellte zwei sehr tüchtige Lehrkräfte zunächst für die erste Klasse, die aber kein Examen gemacht haben, damit man sehen kann, ob die Leute solche Lehrkräfte durchsetzen können. Es ist ja in der Waldorfschule durchaus nicht ausgeschlossen, daß auch Lehrer angestellt werden, die das Examen nicht gemacht haben. Als ich zum Beispiel neulich von einer Lehrkraft gefragt wurde, ob es ginge, sie anzustellen, trotzdem sie noch kein Examen gemacht habe, aber im Examen steht, sagte ich: Das macht nichts; Sie werden auch einmal das Examen haben.

Nun, nicht wahr, es handelt sich darum, daß man wirklich in großem Maßstab auf eine wirkliche Befreiung des Geistes- beziehungsweise des Schullebens hinarbeitet. Dazu ist so etwas notwendig wie eine Art Weltschulverein. Es muß möglich werden, daß gar nicht mehr die Frage aufzuwerfen ist, ob denn in den verschiedensten Ländern Schulen wie die Waldorfschule errichtet werden können, sondern es muß eben durch die Kraft der Überzeugung einer genügend großen Anzahl von Menschen diese Möglichkeit überall geschaffen werden. Es ging uns auch auf anderen Gebieten durchaus so, wie es heute auch anfängt auf dem Gebiet des Schulwesens. Mit der Schulmedizin sind manche Menschen nicht einverstanden, daher wenden sie sich an diejenigen, die über diese Schulmedizin - jetzt nicht auf kurpfuscherische Weise, sondern durchaus sachgemäß - hinauskommen wollen. Ich habe sogar einen Minister eines mitteleuropäischen Staates kennengelernt, der in seinem Parlament mit aller Gewalt das Monopol der Schulmedizin posaunte, der dann aber selber kam und Hilfe haben wollte auf einem anderen Wege. Das ist das Streben, auf der einen Seite dasjenige, was eigentlich die Empfindung überwinden will, doch zu belassen und das andere [aber doch] durch alle möglichen Hintertüren zu erreichen. Darüber müssen wir hinauskommen. Wir müssen nicht Winkelschulen errichten wollen, sondern wir müssen überall die Möglichkeit schaffen, eine freie Schule in dem heute geschilderten Sinne zu errichten. Bringen wir nicht diesen Mut auf, dann werden sich diejenigen, die diese Dinge verstehen, auch nicht dazu hergeben, Winkelschulen errichten zu lassen oder Lehrer dafür zu bestellen. Eine große Bewegung müßte entstehen, bei der eigentlich jeder Mensch, der nachdenkt über die Aufgaben der Zeit, Mitglied werden müßte, damit durch die Macht eines solchen Weltbundes dasjenige herbeigeführt würde, was solche Schulen überall zur Entstehung führen könnte.

Aber da wird ja vor allen Dingen bei einem solchen Weltschulverein - gestatten Sie schon einmal, daß ich das nur so wie am Rande, in Parenthese vorbringe - schon das eintreten müssen, daß ein gewisser Idealismus in der Menschheit dahinschwindet, ich meine nämlich den, der da sagt: Ach, die geistigen Sachen, die Anthroposophie, das ist ja so hoch, da darf das Materielle nicht heran; das würde die Anthroposophie verunreinigen, wenn das Materielle an sie herankäme. - Dieser Idealismus, der so idealistisch ist, daß er das Geistige mit allen möglichen Phrasen belegt und in den Himmel hebt, in ein Wolkenkuckucksheim und fest die Hand auf die Börse legt, geht nicht mit der Begründung von Weltschulverein oder dergleichen zusammen. Da muß man schon einen solchen Idealismus aufbringen, dem die Börse nicht zu gut ist, um für die Ideale der Menschheit auch etwas zu tun. Anthroposophisch orientierte Geisteswissenschaft muß durchaus bis ins praktische Leben hinein denken, das heißt nicht bloß in die Wolken, sondern bis in die Börse. Da gibt es ja auch Winkel und Ecken, die eben dem praktischen Leben durchaus angehören. Das nur zur Charakteristik dessen, was eine rechte Weltanschauung ist.

Was macht einen Menschen zum „Lehrer"?

Quelle: GA 330 [10], S. 322-323, 2/1983, 19.06.1919

Bezüglich der Lehrerfrage wird sich aus allerlei Voraussetzungen ergeben, daß es sich in der Zukunft darum handeln wird, daß eine Selektion, eine Auswahl für den Lehrstand stattfindet und man nicht bloß durch Examina, durch eine gewisse Summe von Wissen zum Lehrstand zugelassen wird. Das Wissen kann man sich unter Umständen später in wenigen Stunden aneignen, das kann man nachholen aus den verschiedenen Handbüchern. Auf die ganze

Persönlichkeit, auf die innerste Begabung des Lehrers kommt es an. Ich meine natürlich nicht, daß man, wenn man früher nicht in diesem Wissen drinnen gestanden hat, es sich später leicht in ein paar Stunden aneignen kann. Sondern wenn man es gerade braucht - man muß natürlich früher drinnen gestanden haben -, dann kann man es sich später, wo es nötig ist, auch leicht wieder aneignen. Darauf kommt es an, daß eine gewisse Garantie geschaffen wird für das, was den Lehrer zum Lehrer bestimmen soll, eine Garantie dafür, daß er durch seine ganze Persönlichkeit so in der Menschheitskultur drinnen steht, daß von ihm etwas übergehen kann auf den Schüler, was dann in autoritativer Weise wirken kann. Das sind Dinge, die viel tiefer und gründlicher betrachtet werden müssen, als es heute oftmals versucht wird, als daß man solche abstrakten Dinge vorbringt wie «Führerschaft» und «Gefolgschaft» oder wie die «Schulgemeinschaft». - Ich bitte noch zu berücksichtigen, daß ich von «Schulgemeinden» gesprochen habe. - Es kommt darauf an, daß man die Dinge so nimmt, wie sie gesagt sind, und nicht, daß man sie erst übersetzt in ein abstraktes Programm, das man sich erst selbst gemacht hat.

Freie Schulen nur ohne staatliche Finanzierung möglich

Quelle: GA 303 [18], S. 328-329, 4/1987, 03.01.1922

X: Das holländische Gesetz läßt die Möglichkeit zu, bei einem ernsten Versuch, eine freie Schule zu gründen. Würde es, wenn wir in Holland auf andere Weise kein Geld bekommen könnten, möglich sein, mit Subsidien des Staates eine freie Schule zu errichten, unter Voraussetzung, daß wir den Unterricht ganz frei in eigener Hand halten können?

Dr. Steiner: Nun, an dieser Frage ist mir eines nicht ganz verständlich, ein anderes ist mir zweifelhaft. Nicht ganz verständlich ist mir dieses, daß man in Holland für eine wirklich freie Schule kein Geld bekommen sollte! Verzeihen Sie, wenn das vielleicht eine Naivität ist, aber es ist mir nicht verständlich. Denn ich meine allerdings, daß, wenn der Enthusiasmus groß genug ist, dann ist es möglich, wenigstens zunächst anzufangen. Es gehört ja gar nicht so viel Geld dazu, um anzufangen.

Das andere, was mir zweifelhaft ist, das ist, daß es gelingen wird, das mit Subsidien des Staates zu machen. Denn, daß es der Staat sich nicht nehmen lassen wird, eine Schulaufsicht zu üben, wenn er Subsidien gibt, das scheint mir nun eben zweifelhaft. Also ich glaube nicht, daß mit Subsidien, das heißt unter der Aufsicht des Staates, eine wirklich freie Schule gegründet werden könnte.

Es ist ja in Stuttgart auch das, möchte ich sagen, ein Glücksfall gewesen, daß die Waldorfschule gerade noch begründet wurde, bevor die republikanische Nationalversammlung ein Schulgesetz beschlossen hat, unter dessen Agide eine solche Schule nicht begründet werden kann; denn, nicht wahr, wir verlieren ja immer mehr und mehr Freiheit, je mehr sich der Liberalismus ausbreitet. Und wahrscheinlich würde eben heute, wo der Fortschritt herrscht in Deutschland, die Waldorfschule in Stuttgart nicht mehr zu begründen möglich sein. Aber sie ist vorher gegründet worden. Und nun - heute sieht einmal die Welt auf die Waldorfschule, und man wird sie bestehen lassen, bis eben die Bewegung, welche die sogenannte Grundschule geschaffen hat, so mächtig ist, daß man aus irgendeinem Fanatismus heraus ihr ihre vier ersten Klassen wegnehmen wird. Ich hoffe, daß das zu verhindern sein wird, aber wir gehen ja auch in dieser Beziehung ganz furchtbaren Zeiten entgegen. Und das ist es ja, warum von mir so häufig betont wird, daß es notwendig ist, dasjenige, was geschehen soll, bald zu tun; denn es breitet sich über die Welt eine Welle aus, die durchaus nach dem Zwangsstaate hingeht. Und es ist tatsächlich so, daß die abendländische Zivilisation sich der Gefahr aussetzt, einmal, von einer in irgendwie gearteter Weise asiatischen Kultur, die dann etwas Spirituelles hat, einfach überflutet zu werden. Das wollen die Menschen nicht sehen, aber dazu wird es kommen.

Nicht wahr, es ist eigentlich mehr oder weniger nur, glaube ich, eine Art Verzögerung der Sache, wenn man glaubt, erst auf Subsidien des Staates Anspruch machen zu sollen. Ich würde mir davon kaum etwas versprechen können. Aber vielleicht ist jemand anderer Meinung. Ich bitte heute nur alle Meinungen sehr frei zu äußern.

Lehrergehälter nicht aus Steuergeldern bezahlen

Quelle: GA 330 [10], S. 316-317, 2/1983, 19.06.1919

Um aber alles das durchzuführen, muß alles, was Geistesgebiet ist, ein Reich für sich sein. Es könnte höchstens Bedenken erregen: Wenn nicht mehr der Staat durch seine Gewaltmaßregeln in die Börse des Lehrers hinein dasjenige befördert, was nun auch darinnen sein muß, dann wird es ja sehr schlimm mit dem Lehrerstande stehen. Nun, der Lehrer wird einer Wirtschaftskorporation angehören, wie es andere Wirtschaftskorporationen gibt. Neben dem, daß er Lehrer ist, wird er dem dritten Gliede des dreigliedrigen sozialen Organismus, dem wirtschaftlichen, gegenüberstehen und von diesem selbständigen Wirtschaftskörper seinen Unterhalt bekommen. Denn der dreigliedrige soziale Organismus wird einen selbständigen Wirtschaftskörper haben, wie er einen selbständigen Staatskörper hat, wo das Recht auf demokratischer Grundlage zu pflegen ist, und wie er ein eigenes freies Geistesgebiet haben wird. Und es wird dasjenige, was heute indirekt auf dem Wege der Steuer in die Börse des Lehrers kommt, dann direkt aus dem Wirtschaftsleben kommen, und außerdem wird durch das auf sich selbst gestellte Geistesleben erst die richtige Atmosphäre für Schule und Unterricht erzeugt werden.

Es gehört zu einem gesunden sozialen Organismus auch: eine richtige, aus dem ganzen Vollmenschen herauskommende Wertung der verschiedenen Güter und Leistungen des Lebens. Diese Wertung der Güter und Leistungen muß da sein. Aber von dem, was eigentlich der Lehrer leistet für die heranwachsende Generation, darf in einem gesunden sozialen Organismus gar nicht die Ansicht herrschen, daß es «bezahlt» werden könne. Das ist ein Geschenk, das der Lehrer aus der geistigen Welt an die Menschen vermitteln wird! Diese Gesinnung muß den gesunden sozialen Organismus ergreifen, daß der Lehrer das Medium ist, durch das die Fähigkeiten des Menschen, die individuellen Eigenschaften des Menschen heraufgeholt werden aus ihren dunklen Untergründen, wie sie veranlagt sind in der Menschennatur. Es ist bloß der Größenwahn des Banausentums, wenn man glaubt, daß das, was eigentlich auf dem Gebiet der Schule geleistet werden kann, bezahlt werden muß. Was der Wirtschaftskörper des gesunden dreigliedrigen sozialen Organismus wird zu leisten haben, das wird nur das sein, daß er dem Lehrer die Möglichkeit bietet, so zu leben, wie alle anderen Menschen leben. Man wird ganz trennen müssen im Bewußtsein dieses Bieten der Lebensmöglichkeit und das Bewerten des Unterrichtens, das wird der gesunde Impuls sein, ohne den es wiederum keine Demokratie geben kann. Denn jene Demokratie, die alles nivelliert, die gar nicht mehr die Dinge bewerten kann, die wird die Dinge nur zerstören, und jener Sozialismus, der glaubt, alles bezahlen zu können, wird ebenfalls das Leben zerstören. Nicht nur, daß der

Lehrer selber derjenige Faktor sein muß, der gehört wird, wenn man dem Ruf nach Demokratie und Sozialisierung folgen kann, sondern die Bewertung der Lehrertätigkeit muß selbst wieder aufsprießen aus der Verfassung des gesunden sozialen Organismus. Daß ein jedes der drei Lebensgebiete zu seiner Selbständigkeit komme, das strebt eben der Bund für Dreigliederung des sozialen Organismus an. Deshalb will er das, was bisher in eine unorganische, chaotische Einheit vermischt worden ist - Wirtschaftsleben, Geistesleben und Staatsleben -, auf seine gesunden drei Grundlagen stellen, ein selbständiges Geistesleben, ein selbständiges demokratisches Staats- oder Rechtsleben und ein selbständiges soziales Wirtschaftsleben. Und der Mensch bildet die höhere Einheit in den dreien. Er wird teilnehmen an allen drei Gebieten. Man braucht keine Furcht zu haben, daß die Einheit verloren gehen werde. Wer etwa glaubt, daß durch die Idee der Dreigliederung von uns angestrebt werden soll, daß man den Gaul in drei Teile teilt, der hat eine schlechte Vorstellung von dem, worum es sich handelt. Wir wollen den Gaul nicht in drei Teile teilen, wir wollen nur nicht, daß man behauptet, der Gaul sei nur dann ein richtiger Gaul, wenn er auf einem Beine steht. Der gesunde soziale Organismus steht auf seinen gesunden drei Beinen. Das ist erstens ein selbständiges Geistesleben, dem Erziehung und Schulwesen angehören, zweitens ein selbständiges Rechtsleben, dem der demokratische Staat angehört, und drittens ein selbständiges Wirtschaftsleben, das allein sozialisiert werden kann. Will man mitsozialisieren das Rechtsleben und gar das Geistesleben, dann kommt weder ein Sozialismus des Geisteslebens, noch des Rechtslebens, noch des Wirtschafslebens heraus, sondern es kommt nichts anderes heraus als das, was alles in die Uniformität des Wirtschaftslebens hineindrängt, um den Menschen zu kleiden und zu füttern, und was nach und nach alles das ausdörrt, was sich nur selbständig entwickeln kann: das Staats- oder Rechtsleben und das Geistesleben.

Lehrer haben Angst vor der Freiheit

Quelle: GA 330 [10], S.286-287, 2/1983, 18.06.1919

Man kann es ja begreifen, daß die, welche als lehrende oder erziehende Persönlichkeiten in diesem Geistesleben drinnen stehen, eine gewisse Angst haben, wenn ihnen der Staat nicht mehr ihre Löhnung auszahlte. Was sollen sie dann machen? Ja, das gehört zu jenen Erfahrungen, die man leider in der Gegenwart so häufig macht, zu den Erfahrungen, daß ja die Menschen ab und zu einsehen, es ist notwendig, daß eine Neugestaltung unserer sozialen Verhältnisse eintrete -, aber daß sie sich nicht dazu aufschwingen können, dasjenige wirklich zu wollen, was zu einer solchen Neugestaltung führen könnte. Wenn man in der letzten Zeit viel mit Menschen über die notwendige Neugestaltung gesprochen hat, auch mit denen, die im allgemeinen ganz überzeugt sind, daß eine solche Neugestaltung kommen muß, dann fragen sie einen: Ja, du mußt doch aber in bestimmter Weise sagen, was mit dem einzelnen Menschen, was mit dem einzelnen Beruf in der Zukunft geschieht! - Postbeamte fragen einen, wenn von Sozialisierung die Rede ist: Wie sozialisiert man den Postbeamten, wie wird seine Lage sein? - Diesen Redereien liegt etwas höchst Eigentümliches zugrunde. Die Menschen sehen nicht das gegenwärtige Leben an, sie haben heute noch Illusionen über die Haltbarkeit der jetzigen Verhältnisse, sie wollen sich nicht aufschwingen zu Vorstellungen von einer wirklichen Neugestaltung, und dann fragen sie einen: Ja, sage mir einmal, wie wird sich das, was ich als das Alte gewohnt bin, in der Neuordnung ausnehmen?

In einer solchen Frage liegt eigentlich nichts Geringeres, als die Forderung: Wie revolutionieren wir die Welt so, daß alles beim alten bleibt? Und wenn man keine Antwort gibt auf die Frage: Wie wird sich das Alte in der Neuordnung ausnehmen? dann sagen die Leute: Was du da sagst, das ist mir ganz unverständlich! - So ungefähr ist es auch, wenn nun diejenigen, die im Erziehungs- und Unterrichtswesen beschäftigt sind, ihre große Sorge damit haben, wie sich ihre wirtschaftliche Position gestalten soll. Insofern diejenigen Menschen im Geistesleben als Unterrichtende oder Erziehende stehen, wird das Geistesleben von innen, unabhängig vom Staats- und Wirtschaftsleben, nach rein pädagogisch-didaktischen Gesichtspunkten und innerlichen geistigen Ideen einzurichten sein; sonst sind sie, da sie ja auch leben müssen, eine Wirtschaftsgenossenschaft im Wirtschaftsorganismus innerhalb des dreigliedrigen sozialen Organismus. Und genau ebenso, wie ein Betrieb von Fabrikarbeitern selbstverständlich weiß, daß ihm aus dem Wirtschaftsleben heraus dasjenige wird, was er braucht, um seine Bedürfnisse zu befriedigen, so wird die Räteschaft des Wirtschaftslebens auch dafür zu sorgen haben, daß in der richtigen Weise ein wirtschaftliches Verhältnis besteht zwischen dem Wirtschaftskörper, der selbständig ist im dreigliedrigen sozialen Organismus, und dem andern Wirtschaftskörper, der das geistige Leben zu besorgen hat. Und was zwischen drinnen als das dritte Glied des sozialen Organismus bleibt, der Rechtsstaat, der wird dafür zu sorgen haben, daß dasjenige, was im freien Wirtschaftsvertrag geschlossen wird zwischen dem Wirtschaftskörper und dem Geistkörper, daß das auch wirklich ausgeführt werde. Wer wirklich innerlich verstehen will und den Mut hat zum Verstehen, daß das Geistesleben frei werden muß, daß das, was in ihm geistig ist, auf die eigene Grundlage des Geistes gestellt werden muß, der wird sich auch zum Verständnis aufrufen können, wie das Wirtschaftliche dieses geistigen Teiles des dreigliederigen sozialen Organismus sich in Zukunft gestaltet.

Abschaffung der Schulpflicht

Quelle: GA 333 [14], S.16, 2/1985, 26.05.1919

Aber das ist die erste Forderung für die Dreigliederung des sozialen Organismus: Ein Geistesleben, das aus sich selbst heraus sich entwickelt. Man braucht sich nicht vor einem solchen Geistesleben zu fürchten. Man braucht nicht einmal sich zu fürchten, wenn man eine schlechte Meinung von den Menschen hat, vielleicht dahingehend, daß sie in den alten Analphabeten-Zustand zurückfallen werden, oder dergleichen, wenn die Eltern wiederum frei sind, ihre Kinder zur Schule zu schicken oder sie draußen zu lassen, ohne staatlichen Zwang. Nein, gerade das Proletariat wird immer mehr wissen, was es der Schulbildung verdankt. Und es wird seine Kinder nicht aus der Schule draußen lassen, auch wenn es nicht gezwungen sein wird, die Kinder in die Schule zu schicken, sondern sie aus freiem Willen hineinzuschicken hat. Und insbesondere braucht der Bekenner der Einheitsschule sich nicht zu fürchten, daß die Schule durch ein freies Geistesleben gestört wird. Es wird nichts anderes entstehen können als die Einheitsschule, wenn das freie Geistesleben gefördert wird.

Recht auf Bildung statt Schulpflicht

Quelle: GA 330 [10], S. 321, 2/1983, 19.06.1919

Dann ist - das wird ja immer gefragt, wenn diese Frage besprochen wird - eingewendet worden, daß die Bildungsinteressen und das Bildungsbedürfnis in der heutigen Zeit nicht allzu groß seien, daß die meisten Eltern froh wären, wenn sie die Kinder nicht in die Schule zu schicken brauchten. - Es ist sogar gesagt worden: kein Mensch würde mehr die Kinder in die Schule schicken. - Aber das, was ich gesagt habe, berührte ja gar nicht diese äußerliche Frage des In-die-Schule-Schickens der Kinder oder nicht. In meinem Buche «Die Kernpunkte der sozialen Frage» spreche ich von einem Recht auf Erziehung, das das Kind hat, und für das sogar im künftigen Staatswesen wird ein entsprechender Erziehungsbeitrag zu geben sein vom zukünftigen Wirtschaftsleben. Also, ich spreche nicht davon, daß der «Schulzwang» als lästig empfunden wird von solchen Eltern, welche die Kinder nicht in die Schule schicken wollen, sondern lieber aufs Feld, sondern ich spreche davon, daß das Kind im gesunden sozialen Organismus ein Recht hat auf Erziehung. Nun könnte man sagen: Wenn es dieses Recht hat, wird der Staat - warum heute auf den Staat gedroschen worden sein sollte, wie ein Redner sagte, das weiß ich nicht - noch immer da sein als die Rechtsinstitution -, aber ich hatte heute nur über die Geistesinstitution zu sprechen. Und da könnte eingewendet werden: Wenn dieses Recht auf Erziehung des Kindes geltend gemacht wird, dann werden die Eltern die Kinder in die Schule schicken müssen, dann kann man meinetwillen auch den Schulzwang lassen. Aber das hat nichts zu tun mit dem Auf-sich-selbst-Stellen des Geisteslebens, hat nichts zu tun mit dem, was in den Schulen getan wird, mit der Verwaltung des Schulwesens. Neulich habe ich einmal die Frage folgendermaßen beantwortet: Wenn man keinen Schulzwang hat, wenn das Recht auf Erziehung besteht, kann man sogar androhen, daß man bei denjenigen Eltern, die ihre Kinder nicht in die Schule schicken wollen, einen Erziehungsvormund für das Kind einsetzt, der das Recht des Kindes auf Erziehung bei den Eltern vertritt; dann werden sie die Kinder hübsch in die Schule schicken. Diese

Nebenfragen lassen sich nämlich alle beantworten, wenn man nur den guten Willen hat, wirklich die Hauptfrage zu verstehen: was alles davon abhängt, daß das Geistesleben in freier Weise auf sich selbst gestellt wird.

Abschaffung der Schulpflicht zeigt die eigentliche Aufgabe

Quelle: GA 24 [9], S. 186, 2/1982

Warum ist das Geistesleben ohnmächtig? Weil es ohnmächtig werden muß, wenn Staaten die Erziehungs- und Unterrichtsnormen festsetzen. Denn der Geist kann zu der ihm gebührenden Macht nur gelangen, wenn er in voller Freiheit seine eigenen Ziele verfolgen kann. Die Selbstverwaltung des vom Staate emanzipierten Geisteslebens, namentlich seines wichtigsten Gebietes, des Unterrichts- und Erziehungswesens, kann allein den geistigen Impulsen den Zugang zu den Menschenherzen eröffnen. Schulen, die vom Staate und vom Wirtschaftsleben ganz unabhängig sind, werden Menschen aus sich hervorgehen lassen, deren Geisteskraft gestaltend auf Staat und Wirtschaft wirken kann. Man wendet ein: das führt zur Unbildung zurück. Denn wo kein Staats-Schul-Zwang, da werden die meisten Kinder auch nicht in die Schule geschickt. Man sollte vielmehr gerade an die Lösung der Aufgabe gehen: wie bringt man die Kinder ohne Staatszwang in die Schulen hinein?

Wie wirkt man ehrlich für Demokratie?

Quelle: GA 337a [28], S. 131, 1/1999, 30.07.1919

Nehmen Sie einmal die Grundlage der Dreigliederung des sozialen Organismus. Nicht wahr, man kann sie in der verschiedensten Weise legen, diese Grundlagen, weil das Leben viele Grundlagen braucht. Aber eine ist diese, daß man weiß: in der neueren Zeit ist das heraufgezogen, was man nennen könnte den Impuls der Demokratie. Die Demokratie muß darin bestehen, daß jeder mündig gewordene Mensch sein Rechtsverhältnis mittelbar oder unmittelbar gegenüber jedem anderen mündig gewordenen Menschen in demokratischen Parlamenten festsetzen kann. Aber gerade wenn man ehrlich und aufrichtig diese Demokratie in die Welt setzen will, dann kann man die geistigen Angelegenheiten nicht im Sinne dieser Demokratie verwalten, denn da würde entscheiden müssen jeder mündig gewordene Mensch über das, was er nicht versteht. Die geistigen Angelegenheiten müssen aus dem Verständnis heraus geregelt werden, das heißt auf sich selbst gestellt werden, sie können also überhaupt nicht in einem demokratischen Parlament verwaltet werden, sondern sie müssen ihre eigene Verwaltung haben, die nicht demokratisch sein kann, sondern die aus der Sache heraus sein muß.

Keine Demokratie innerhalb des Geisteslebens

Quelle: GA 329 [13], S. 222, 1/1985, 14.10.1919

Und nun zeigt sich gerade an den verschiedenen Einwürfen, die gemacht worden sind, wie wenig man den Grundgedanken heute noch verstanden hat. So zum Beispiel erschien in einer Zeitschrift eine lange Besprechung dieser Dreigliederung des sozialen Organismus, und es wurde gesagt: Ja, der will drei Parlamente an die Stelle des einen Parlamentes setzen - ein geistiges Parlament, ein Rechtsparlament und ein Wirtschaftsparlament. Worauf es ankommt, ist aber dieses, daß in einem demokratischen Parlament nur entschieden werden kann dasjenige, wozu urteilsfähig geworden ist jeder Mensch, wozu keine Sach- und Fachkenntnis gehört, und daß gerade ausgeschieden werden soll dasjenige, wozu Sach- und Fachkenntnis gehört. Also, wenn auf dem Gebiete des geistigen Lebens und auf dem Gebiete des Wirtschaftslebens kein Parlament dasein darf, so [deshalb, weil dort] die Sache eben umgekehrt ist. Es handelt sich also darum, ehrlich den Parlamentarismus zu verwenden, indem man ihn auf dasjenige Gebiet beschränkt, auf dem er sich wirklich sachgemäß ausleben kann. Daraus aber sieht man, daß der Nerv eigentlich wenig bis heute verstanden worden ist.

Anmerkung: Auch heute liegt das grundsätzliche Missverständnis darin, dass man unter „Selbstverwaltung" einen Staat im Staat versteht, d.h., die demokratischen Prozesse als private Institution nachbaut, und sich dann „außerhalb" der Staatsverwaltung wähnt. Solche Prozesse sind z.B. das Abstimmen, das Verfassen von Leitlinien, die Ämterwahl, die rechtliche Abhängigkeit als solche usw. Die Dreigliederung führt das soziale Leben jedoch auf drei verschiedenartige zwischenmenschliche Prozesse zurück. Innerhalb des Gebiets des Geisteslebens muss erst das Äquivalent für die demokratischen Prozesse gefunden werden. Der Mensch hat aber im Laufe der Geschichte das Prinzip der staatlichen Verwaltung verinnerlicht. Darin liegt die eigentliche Schwierigkeit. Nicht der Staat ist die große Hürde für die soziale Dreigliederung, sondern die Tatsache, dass „freie" Initiativen instinkthaft das Prinzip der Staatlichkeit ausbilden, sobald sie sich selbst „verwalten" sollen. Was „Verwaltung" bedeuten kann, sofern sie nicht auf einer wie auch immer gearteten Rechtsabhängigkeit, sondern ausschließlich auf der Freiheit des Individuums beruht, liegt für gewöhnlich jenseits des Vorstellungsvermögens des gegenwärtigen Menschen. Insofern hat das Studium der Idee der sozialen Dreigliederung Meditations-Charakter und ist Voraussetzung für die Gründung einer „freien" Einrichtung. Die folgenden Zitate enthalten Hinweise darauf, was mit einer „Selbst-

verwaltung“ im Sinne eines „freien Geisteslebens“ konkret gemeint ist.

Wie verwaltet sich eine Schule selbst?

Quelle: GA 334 [11], S. 161-164, 1/1983, 19.03.1920

Ich sehe gerade das Wesentliche dieser Dreigliederung nicht darin, daß man etwa heute das Einheitsparlament in drei Parlamente teile, sondern daß man ein Parlament im heutigen Sinn nur hat für dasjenige, was demokratisch verwaltet respektive orientiert werden kann, daß aber die beiden anderen Gebiete eben nicht parlamentarisch verwaltet werden, sondern verwaltet werden aus dem, was sich aus ihnen selbst heraus ergibt. Es ist mir sehr schwer, in abstrakten Begriffen diese konkreten Dinge zu besprechen. Ich möchte daher die Antwort gewissermaßen aufbauen.

Ich habe gerade bei dem Einrichten der Waldorfschule mich wiederum eingehend befassen müssen mit all dem, was sich, ich möchte sagen, einem wie ein Querschnitt ergibt: das Ergebnis staatlicher Verwaltung für das Schulwesen. Nicht wahr, ich hatte von zwei Seiten her die Waldorfschule zu konstituieren. Das eine war, dasjenige zugrunde zu legen, was ich glaubte, aus den bloßen Anforderungen des geistigen Lebens selbst als Impuls der Waldorfschule zu geben. Auf der anderen Seite durfte ich selbstverständlich nicht in die Luft bauen. Das heißt, ich mußte eine Schule schaffen, bei der es möglich ist, daß die Schüler, die abgehen, zum Beispiel mit dem vierzehnten Jahr oder auch meinetwillen dazwischen abgehen, sich wiederum anschließen können an das andere Schulleben. Da mußte ich selbstverständlich mich mit den Lehrplänen auseinandersetzen.

Nun, nicht wahr, da stieß ich zunächst - ich bitte, zu verzeihen, daß ich auf ganz Konkretes eingehen muß, aber ich glaube mich so am besten zu verständigen -, da stieß ich auf die Lehrpläne. Die Lehrpläne sind staatlich festgesetzte Umschreibungen des Lehrstoffes, des Lehrzieles und so weiter. Etwas anderes ist es, wenn man als pädagogischer und didaktischer Künstler rein aus der Wesenheit des Menschen studieren kann, wie vom siebenten zum vierzehnten Jahre das abläuft, was an den Menschen da herangebracht werden soll. Ich stehe auf dem Standpunkt der Überzeugung, daß durchaus von dem sich entwickelnden Menschen für jedes Jahr die Lehrziele abgelesen werden können.

Nun möchte ich, daß derjenige die Lehrziele festsetzt, der im lebendigen Unterricht drinnensteht, und nicht derjenige, der herausgerissen wird und Staatsbeamter wird, der also übergeht von dem lebendigen Lehren zur Demokratie. Ich möchte also, daß das, was das geistige Leben umfaßt, von denen verwaltet wird, die noch drinnenstehen, die dieses geistige Leben aufbauen. Also es kommt darauf an, daß die ganze Struktur der Verwaltung aufgebaut ist auf dem Gefüge eines Geisteslebens selbst. Nicht wahr, ich mußte zum Beispiel heute noch die Einteilung treffen, daß die Kinder, wenn sie drei Klassen absolviert haben, sich wiederum anschließen können - um dazwischen Freiheit zu haben -, nach weiteren drei Jahren, mit dem zwölften Jahre, wiederum sich anschließen können. Also ich mußte einem Äußeren gerecht werden.

Das ist das Wesen der Dreigliederung. Sie steht überall auf einem realen Boden, muß auch aus einem realen Boden heraus arbeiten. Aber wenn man einen realen Boden hat, hat man nicht irgend etwas Unbestimmtes. Das Geistesleben ist doch da, es hat doch eine Verwaltung, einfach dadurch, daß der eine in der Position, der andere in einer anderen Position steht. Ich möchte nun in dieser Loslösung des Geisteskörpers vom Staatskörper einfach, daß die Verwaltung sich hierarchisch gestalte, und ich glaube - selbstverständlich ist das natürlich etwas, was jetzt nicht so schnell ausgeführt werden kann -, daß die hierarchische Verwaltung alle Unvollkommenheiten haben wird. Ich weiß, was ganz besonders von Dozenten eingewendet wird, aber vielleicht sind sogar zu solchen Übergängen manchmal größere Unvollkommenheiten notwendig, damit man auf etwas Vollkommenes kommt, aber worum es sich handelt, das ist, daß sich nach und nach nur aus den rein pädagogischen und didaktischen Bedingungen und weiteren Bedingungen des Geisteslebens eine rein didaktische Körperschaft des Geisteslebens bildet, die so verwaltet, wie es im Sachlichen begründet ist, nur etwas abstrakt anklingend an die Klopstocksche «Gelehrtenrepublik», und daß so etwas auf dem Gebiet des Geisteslebens tatsächlich möglich ist, wenn man nur den guten Willen hat, es zu begründen...

In einer solchen Gelehrtenrepublik kann derjenige, der sich tüchtig erweist, drei Jahre abgerufen werden, kann Pädagogik lehren, dann wiederum zurückkehren in das Lehrfach. Was aber die äußere Konstitution betrifft, muß ich sagen, es ging im kleinen bis jetzt vorzüglich bei unserer Lehrerschaft der Waldorfschule in Stuttgart. Da ist gleich eingangs die Frage aufgetaucht: Wer wird der Direktor sein? - Selbstverständlich niemand; wir haben einfach gleichberechtigte Lehrer durch alle Klassen, und einer aus dieser Lehrerschaft, der etwas weniger Stunden hat als die anderen, der besorgt die Verwaltungsdinge. Dabei sieht man schon jetzt, daß die tüchtigen Lehrer auch eine gewisse Autorität über die anderen haben, eine naturgemäße Autorität, und ein gewisses hierarchisches System bildet sich heraus. Das braucht aber gar keine Beantwortung der Frage zu sein, wie der Herr Oberrichter L. gemeint hat: Wer befiehlt? - sondern das macht sich von selber. Ich werde mich natürlich hüten, Namen zu nennen; aber es bildet sich dies heraus. Also auf dem Gebiet des Geisteslebens ...

[Zwischenruf: Wie fragen Sie die Eltern über den Lehrstand? Das ist doch Diktatur!]

Fachlich-sachlich! Gewiß, nennen Sie es meinetwillen Diktatur, auf den Namen kommt es mir da nicht an. Insofern ist es eine Diktatur, als nicht der einzelne entscheidet. Da Sie Wissenschafter sind, werden Sie es leicht verstehen, wenn ich sage: über die Richtigkeit des pythagoräischen Lehrsatzes schadet es nicht, wenn eine «Diktatur» entscheidet, weil eine gewisse Notwendigkeit in der Sache liegt.

Konferenzen beschließen keine pädagogischen Vorschriften

Quelle: GA 310 [21], S. 103-104, 4/1989, 21.07.1924

Bei uns aber haben Sie zum Beispiel in der 5.Klasse zwei Parallelklassen, die 5A und 5B. Sie gehen nacheinander in die beiden Klassen hinein. Sie sind erstaunt darüber: ganz etwas anderes findet in der Parallelklasse statt, in nichts etwas Gleiches von dem, was in der andern Klasse gemacht wird. Die 5A und 5B sind ganz der Lehrerindividualität überlassen; jeder kann das machen, was seiner Individualität entspricht, und er tut es auch. Trotzdem in der Lehrerkonferenz absolutester Einklang im Sachlichen vorhanden ist, gibt es keine Verordnung, daß die eine Klasse im Erziehen und Unterrichten ebenso vorgehen muß wie die Parallelklasse. Denn was erreicht werden soll, muß auf die verschiedenste Weise erreicht werden; es handelt sich nie darum, etwas in äußerlicher Weise vorzuschreiben. So finden Sie, daß zum Beispiel schon bei den kleinen Kindern in der 1. Klasse der eine Lehrer mehr dies macht, um das Kind ins malende Zeichnen hineinzuführen: Sie kommen in die Klasse hinein und sehen die Kinder allerlei Bewegungen mit den Händen machen, die dann überführen in die Handhabung des

Pinsels oder des Bleistiftes. Oder Sie kommen in die andere Klasse und Sie sehen dort die Kinder herumtanzen, um aus der Bewegung der Beine dasselbe hervorzuholen. Jeder Lehrer macht es, wie er es nach der Individualität der Kinder und nach seiner eigenen für angemessen hält. Dadurch ist aber wirkliches Leben in der Klasse drinnen, und dadurch bildet sich schon das heraus, daß sich die Kinder zugehörig fühlen zur Lehrkraft.

Was kann den demokratischen Prozess ersetzen?

Quelle: GA 330 [10], S. 326-327, 2/1983, 19.06.1919

Auf eines aber möchte ich doch noch eingehen: Auch für den Lehrer werde wieder eine Autoriät notwendig sein. Ich habe ja nichts gesagt über die Autorität, die für den Lehrer notwendig sein wird, sondern ich habe davon gesprochen, daß der Lehrer eine Autorität für das Kind sein soll! Ob für den Lehrer eine Autorität notwendig wäre, ist eine weitaus andere Frage, die sich dadurch beantwortet, daß schließlich das Leben selbst dafür sorgen wird. Beachten Sie nur das Leben, wie es ist, das beachtet man heute viel zu wenig. Beachten Sie es nur lebensgemäß und wirklichkeitsgemäß, so werden Sie sich sagen: Ja, die Menschen sind voneinander so verschieden, daß schließlich jemand, der in der allermannigfaltigsten Art eine Autorität sein kann, doch noch immer eine Autorität über sich finden wird. Dafür wird schon gesorgt sein, daß immer einer noch eine Autorität für sich finden kann. Nun, nicht wahr, dieses braucht nicht zu führen bis zu einer höchsten Spitze. Es kann einer einfach dadurch eine Autorität sein, daß er einem in anderen Dingen überlegen ist.

Wenn ich von Klopstocks «Gelehrtenrepublik» gesprochen habe, so bedeutet das nicht, daß jeder nun tun wird, was er will: Er wird vielmehr gerade nicht einfach tun, was er will, sondern aus den Bedürfnissen des Geisteslebens heraus, um dieses möglichst fruchtbar zu gestalten, wird wieder das Hinneigen zu denjenigen, die einmal eine Autorität sein sollen, ein freiwilliges sein. Eine «Verfassung», die aber nicht beruht auf starren Gesetzen, auf knöchernen, staatlichen Verordnungen, eine Verfassung kann schon gedacht werden im freien Geistesleben; nur wird sie sich auf die realen, die lebendigen Verhältnisse der Menschen beziehen, die an diesem Geistesleben teilnehmen. Das «Gesetz» muß allerdings auf diesem Boden erst ersetzt werden durch die freien menschlichen Verhältnisse, die ja individuell sind und sich immer von Woche zu Woche ändern können, und die durchaus nicht durch starre Gesetze gebunden und in irgendeiner starren Form verewigt werden können. Worauf es also ankommt, das ist, daß dem Geistesleben die Möglichkeit gegeben werde, in derjenigen Form zu leben, die ihm aus seinen Kräften heraus möglich ist, so daß der Lehrer der Schule nicht in irgendeiner Weise abhängig ist von einem Staatsbeamten, sondern daß er abhängig ist in menschlicher Weise, in sachlicher, sachgemäßer Weise - wie es aus dem Geistesleben heraus folgt - von einem andern, der nun auch im Geistesleben unmittelbar drinnen steht, und der mit ihm in dem gleichen Geistesleben drinnen wirkt. Darauf kommt es an. Man merkt es ja, wie heute noch eine gewisse Furcht vorhanden ist vor der Selbständigkeit des Geisteslebens, wie sich viele wohl fühlen in dem staatlichen Schutz. Aber das ist es ja eben, daß sich so viele wohl fühlen in diesem staatlichen Schutz. Dieser staatliche Schutz wird aber noch mehr angestrebt gerade von dem, was nun nachkommen will.

Die Entwickelung der letzten Jahrhunderte war doch so, daß der Staat Macht hatte aus früheren Eroberungs- und ähnlichen Verhältnissen heraus, und dann wollten die einzelnen Menschen nach und nach an diese Macht heran, um sich von dieser Macht beschützen zu lassen. Da war es eine Zeitlang die Kirche. Der war es lieber, wenn nicht allein das lebendige Wort, das aus dem Geiste fließt, auf die Menschen wirkt und sie überzeugt, sondern wenn ein bißchen die Polizei nachhilft. Dann kamen andere, kam das ganze «Schulwesen». Dem war es lieber, wenn nicht das, was aus dem Geiste hervorquillt, auf das Kind wirkt, sondern wenn der staatliche Zwang dahinter steht. Dann kamen zuletzt auch die verschiedenen Wirtschaftsklassen und Wirtschaftskorporationen, bis wir zuletzt jene Wirtschaftskorporation bekommen haben - in Deutschland haben es uns ja am meisten die Industriellen und Schwerindustriellen angetan in dieser Richtung - die auch etwas abhaben wollte von der Macht des Staates. Und dann standen dahinter noch die Sozialdemokraten, die wiederum den Staat für sich nehmen wollten. So war die Staatsmacht das Sammelbecken für alle. Was die Zukunft anstreben muß, ist, daß die Staatsmacht kein Sammelbecken ist für alles, was unterkriechen will unter diese Macht, sondern daß sie gestellt werde auf demokratischen Boden. Aber darauf kommt es an, daß auf diesem Staatsboden dasjenige zur Verwirklichung kommt, was der mündig gewordene Mensch mit jedem andern mündig gewordenen Menschen abzumachen hat; da haben wir es mit dem zu tun, was der bloße Rechtsstaat ist. Es ist merkwürdig, daß man das heute noch nicht so begreifen will, obwohl es ganz nahe daran war, diesen Rechtsstaat zu begreifen, als einer, der einmal preußischer Kulturminister war, zum richtigen Erfassen dieser Verhältnisse kam. In Humboldts Schrift «Über die Grenzen der Wirksamkeit des Staates» finden Sie schöne Ansätze zu dem, was der Staat eigentlich sein soll. Soll er aber «demokratisch» sein, dann darf in ihm nur dasjenige walten, was jeder mündig gewordene Mensch mit jedem anderen mündig gewordenen Menschen zu tun hat. Dann muß dasjenige, was im Geistesleben auszumachen ist, aus dem eigentlichen Staatsleben herausgenommen werden, und dann darf im Staate auch nicht das Wirtschaftsleben stehen, wo es ankommt auf wirtschaftliche Erfahrung, auf Kredit, den man hat, und so weiter. Das heißt, will jemand ernstlich Demokratie, dann kann er nicht im Staate Sozialismus und Geistesleben wollen, sondern er muß sich sagen: Wenn die Demokratie durchgeführt werden soll, ist das einzig Gesunde, das Geistesleben auf der einen Seite und den Wirtschaftskreislauf auf der anderen Seite auf freien Boden zu stellen.

Vom Geist ausgehen statt von Ideen

Quelle: GA 339 [12], S. 113-114, 3/1984, 16.10.1921

Was soll man denn eigentlich dreigliedern? Denken Sie sich nur einmal, in einem solchen Territorium, in dem, sagen wir, ein Staat auf der einen Seite ganz in seiner Hand hat das Schulwesen, auf der anderen Seite das Wirtschaftsleben, so daß zwischendurchgefallen ist das Rechtsleben - ja, denken Sie nur einmal, es könnte das Unwahrscheinliche eintreten, daß da nun dreigegliedert würde! Es würde ja auf dem Gebiet des Schulwesens, das nun selbständig wäre, wahrscheinlich in kürzester Zeit zu der Wahl eines Schulmonarchen und Schulministers geschritten werden, und das freie Geistesleben würde in kürzester Zeit in einen Staat verwandelt! Solche Dinge lassen sich nicht formal nehmen, sie müssen in dem ganzen Lebendigen der Menschen ruhen. Es muß doch erst etwas da sein als freies Geistesleben, in dem die Menschen drinnenstehen, wenn man das Geistesleben auf sich selbst in dem sozialen Organismus stellen will. Nur dann, wenn das Geistesleben auch im anthroposophischen Sinne gehandhabt wird, wie zum Beispiel in der Freien Waldorfschule in Stuttgart, kann davon geredet sein, daß man da etwas hat, was ein kleiner Keim ist für ein freies Geistesleben. Aber in der Freien Waldorfschule hat man weder einen Rektor, noch hat man Lehrpläne, noch hat man irgend etwas anderes dieser Art, sondern das Leben ist da, und es ist durchaus Rücksicht genommen auf dasjenige, was man eben bedenken muß gegenüber dem Leben.

Ich bin ganz überzeugt davon, daß über ein ideales freies Schulwesen sich jeweilig drei, sieben, zwölf, dreizehn oder fünfzehn Menschen, die sich zusammensetzen, die allerallerschönsten Gedanken machen können, und ein Programm aufstellen können: Erstens, zweitens, drittens - viele Punkte. Dieses Programm könnte so sein, daß man sich eigentlich nichts Schöneres vorstellen könnte. Die Leute, die dieses Programm ausdenken, brauchten nicht einmal besonders gescheit zu sein, könnten zum Beispiel durchaus Durchschnittsparlamentarier sein, brauchten nicht einmal solche zu sein, könnten Wirtshauspolitiker sein unter Umständen, und die könnten dreißig, vierzig Punkte herausfinden, die die höchsten Ideale erfüllen für ein tadelloses Schulwesen - aber anfangen kann man damit nichts! Es ist ganz unnötig, Paragraphen und Statuten in dieser Weise zu formen, wenn man damit nichts anfangen kann. Man kann nur etwas anfangen mit einem zusammengestellten Lehrerkollegium, wenn man gar nicht nach Statuten rechnet, sondern nach dem, was man halt eben hat, und daraus in aller Lebendigkeit das Beste macht. Freies Geistesleben muß eben ein wirkliches Geistesleben sein. Wenn die Menschen heute von Geistesleben reden, reden sie gar nicht vom Geiste, reden sie von Ideen; sie reden ja nur immer von Ideen.

Also wenn schon Anthroposophie dazu da ist, in den Menschen wiederum die Empfindung von einem realen Geistesleben hervorzurufen, so kann sie nicht entbehrt werden, wenn man überhaupt die Forderung der Dreigliederung des sozialen Organismus aufstellt. Also muß im Grunde genommen in einem gehen: Förderung der Anthroposophie, Förderung der Dreigliederung des sozialen Organismus.

Durch freies Geistesleben erscheint ein „Waldorfschulgeist“

Quelle: GA 339 [12], S. 42-43, 3/1984, 12.10.1921

Sehen Sie, für freies Geistesleben, das heißt Geistesleben, das aus seinen eigenen Gesetzen heraus da ist, es ist noch nicht sehr viel Verständnis in der gegenwärtigen Menschheit dafür vorhanden. Denn meistens versteht man unter freiem Geistesleben ein Gebilde, in dem Menschen leben, von denen jeder nach seinem eigenen Kikeriki kräht, wo jeder Hahn - verzeihen Sie das etwas merkwürdige Bild - auf seinem eigenen Misthaufen kräht, und wo dann die unglaublichsten Zusammenklänge aus diesem Krähen zustandekommen. In Wirklichkeit kommt beim freien Geistesleben nämlich durchaus Harmonie zustande, weil der Geist lebt, nicht die einzelnen Egoisten, weil der Geist wirklich über die einzelnen Egoisten hinüber ein eigenes Leben führen kann. Es ist zum Beispiel - man muß diese Dinge schon heute sagen - für unsere Waldorfschule in Stuttgart durchaus ein Waldorfschulgeist da, der unabhängig ist von der Lehrerschaft, in den die Lehrerschaft sich hineinlebt, und in dem es immer mehr und mehr klar wird, daß unter Umständen der eine fähiger oder unfähiger sein kann - der Geist aber hat ein eigenes Leben. Es ist eine Abstraktion, von der sich heute noch die Menschen eine Vorstellung machen, wenn sie von «freiem Geist» sprechen. Das ist ja gar keine Wirklichkeit. Der freie Geist ist etwas, was wirklich lebt unter den Menschen, man muß ihn nur zum Dasein kommen lassen, und was wirkt unter den Menschen, man muß ihn nur zum Dasein kommen lassen.

Wer oder was ersetzt den Rektor?

Quelle: GA 300 [2], S. 61-62, 4/1975, 20.08.1919

Aber wir haben es nötig, Kompromisse zu schließen. Kompromisse sind notwendig, denn wir sind noch nicht so weit, um eine wirklich freie Tat zu vollbringen. Schlechte Lehrziele, schlechte Abschlußziele werden uns vom Staat vorgeschrieben. Diese Ziele sind die denkbar schlechtesten, und man bildet sich das denkbar Höchste auf sie ein. Die Politik, die politische Tätigkeit von jetzt wird sich dadurch äußern, daß sie den Menschen schablonenhaft behandeln wird, daß sie viel weitergehend als jemals versuchen wird, den Mensehen in Schablonen einzuspannen. Man wird den Menschen behandeln wie einen Gegenstand, der an Drähten gezogen werden muß, und wird sich einbilden, daß das einen denkbar größten Fortschritt bedeutet. Man wird unsachgemäß und möglichst hochmütig solche Dingc einrichten, wie es Erziehungsanstalten sind [...] Wir werden einem harten Kampf entgegengehen und müssen doch diese Kulturtat tun. Zwei widersprechende Kräfte sind dabei in Einklang zu bringen. Auf der einen Seite müssen wir wissen, was unsere Ideale sind, und müssen doch noch die Schmiegsamkeit haben, uns anzupassen an das, was weit abstehen wird von unseren Idealen. Wie diese zwei Kräfte in Einklang zu bringen sind, das wird schwierig sein für jeden einzelnen von Ihnen. Das wird nur zu erreichen sein, wenn jeder seine volle Persönlichkeit einsetzt. Jeder muß seine volle Persönlichkeit einsetzen von Anfang an.

Deshalb werden wir die Schule nicht regierungsgemäß, sondern verwaltungsgemäß einrichten und sie republikanisch verwalten. In einer wirklichen Lehrer-Republik werden wir nicht hinter uns haben Ruhekissen, Verordnungen, die vom Rektorat kommen, sondern wir müssen hineintragen [in uns tragen] dasjenige, was uns die Möglichkeit gibt, was jedem von uns die volle Verantwortung gibt für das, was wir zu tun haben. Jeder muß selbst voll verantwortlich sein. Ersatz für eine Rektoratsleitung wird geschaffen werden können dadurch, daß wir diesen Vorbereitungskurs einrichten und hier dasjenige arbeitend aufnehmen, was die Schule zu einer Einheit macht. Wir werden uns das Einheitliche erarbeiten durch den Kurs, wenn wir recht ernstlich arbeiten. Für den Kurs ist anzukündigen, daß er enthalten wird: erstens eine fortlaufende Auseinandersetzung über allgemein-pädagogische Fragen; zweitens eine Auseinandersetzung über speziell-methodische Fragen der wichtigsten Unterrichtsgegenstände; drittens eine Art seminaristisches Arbeiten innerhalb dessen, was unsere Lehraufgaben sein werden.

Der Lehrer ist „autonom" auch mit Waldorf-Lehrplan

Quelle: GA 311 [22], S. 36-37, 5/1989, 13.08.1924

Bei uns gehen Sie in die 1. Klasse a hinein, da sehen Sie einen Lehrer oder eine Lehrerin drinnen, die treibt Schreibunterricht, läßt die Kinder allerlei Formen machen, sagen wir aus Fäden, dann läßt sie diese Formen in Malerisches überführen, und es entstehen nach und nach Buchstaben. Einer zweiten Lehrerin gefällt es anders. Wenn Sie in die Klasse b hineingehen, finden Sie, daß diese Lehrerin die Kinder herumtanzen läßt; sie sollen die Formen am eigenen Leibe erleben. Dann läßt sie das fixieren. Niemals werden Sie finden, daß es in der Klasse a, b oder c ganz gleich zugeht. Es geschieht dasselbe, aber auf ganz verschiedene Art. Eine frei schaffende Phantasie waltet da. Es gibt keine Vorschrift, sondern es gibt nur einen Geist der Waldorfschule. Das ist sehr wichtig, daß man das erfaßt. Der Lehrer ist autonom. Der Lehrer kann innerhalb dieses Geistes durchaus dasjenige tun, was er für richtig hält. Sie werden sagen: Ja, wenn jeder tun kann, was er will, dann kann ja das Chaotischste in der Schule geschehen. Dann kommt man in die 5. Klasse a hinein, da wird, was weiß ich was für ein Hokuspokus getrieben. Dann kommt man in die 5. Klasse b hinein, da wird irgendwo ein Schachspiel getrieben. - Das Wesentliche aber ist wiederum, daß es nicht so ist in der Waldorfschule. Sie finden überall Freiheit, und dennoch ist in jeder Klasse der Geist darinnen, der dem Lebensalter der Kinder entspricht. Wenn Sie die Seminarkurse nehmen, so werden Sie sehen, sie lassen die größte Freiheit, und dennoch, sie stellen in die Klasse dasjenige hinein, was hineingehört. Und das Eigentümliche ist, kein Lehrer hat sich je dagegen aufgelehnt. Alle nehmen den einheitlichen Geist ganz freiwillig auf. Keiner lehnt sich auf, keiner will etwas extra haben. Im Gegenteil, es entsteht sogar oftmals die Sehnsucht, in den Konferenzen nur ja recht viel darüber zu reden, was in den Klassen sein soll.

Warum lehnt sich denn kein Lehrer auf gegen den Lehrplan? Wir haben schon Jahre hinter uns. Was glauben Sie, daß der Grund davon ist? Jeder hält ihn für vernünftig. Er findet ihn gar nicht unvernünftig. Er findet ihn in seiner Freiheit ganz vernünftig, weil er mit demjenigen zusammenhängt, was nun wirkliche, echte Menschenerkenntnis ist. Aber gerade indem man auf diese Dinge kommt, das Schaffen des Unterrichtsstoffes aus der Phantasie heraus, sieht man, daß Freiheit in der Schule walten muß. Die waltet auch. Und jeder Lehrer hat bei uns das Gefühl, nicht nur daß er auf dasjenige kommt, was er selber wirklich ausdenkt und in seiner Phantasie findet, sondern ich gewinne immer mehr die Überzeugung - ob ich in den Konferenzen mit meinen Waldorf-Lehrern sitze, ob ich in die Klasse komme -, daß eigentlich jeder vergißt, wenn er in der Klasse ist, daß der Lehrplan einmal fixiert und aufgestellt worden ist. Er hält ihn eigentlich in dem Momente, wo er unterrichtet, für sein eigenes Werk. Dieses Gefühl habe ich, wenn ich hineinkomme.

Das sind die Dinge, die sich ergeben, wenn wirkliche Menschenerkenntnis zugrunde gelegt wird. Ich muß es Ihnen sagen, trotzdem Sie glauben könnten, es würde aus Eitelkeit gesagt; aber es wird nicht aus Eitelkeit gesagt, sondern damit Sie es wissen und es ebenso machen können und sehen, wie dasjenige, was aus echter Menschenerkenntnis kommt, auch wirklich in das Kind hineingeht.

Anthroposophische Gemeinschaftsbildung

Quelle: GA 257 [19], S. 118-119, 4/1989, 27.02.1923

Gehen Sie in die primitiven Gemeinschaften, da gibt es noch etwas anderes als bloß die Sprache. Die Sprache ist dasjenige, was im oberen Menschen sitzt. Fassen Sie den ganzen Menschen ins Auge, so finden Sie in primitiven Menschengemeinschaften dasjenige, was Mensch an Mensch bindet, in dem gemeinschaftlichen Blute. Die Blutsbande halten die Menschen zur Gemeinschaft zusammen. Aber in dem Blute lebt das als Gruppenseele oder als Gruppengeist, was bei einer freien Menschheit sich nicht in derselben Weise findet. In eine Gruppe von Menschen, die durch Blutsbande zusammengebunden war, war eingezogen ein gemeinsames Geistiges, gewissermaßen von unten herauf. Da, wo gemeinsames Blut durch die Adern einer Anzahl von Menschen strömt, ist ein Gruppengeist vorhanden. So kann auch durch dasjenige, was wir gemeinsam erleben, indem wir gemeinsam Anthroposophisches aufnehmen, zwar nicht ein solcher

Gruppengeist durch das Blut, aber doch ein realer Gemeinschaftsgeist herangezogen werden. Vermögen wir diesen zu empfinden, dann binden wir uns als Menschen zu wahren Gemeinschaften zusammen. Wir müssen einfach Anthroposophie wahr machen, wahr machen dadurch, daß wir ein Bewußtsein hervorzurufen verstehen in unseren anthroposophischen Gemeinschaften, daß, indem die Menschen sich finden zu gemeinsamer anthroposophischer Arbeit, der Mensch am Geistig-Seelischen des andern Menschen erst erwacht. Die Menschen erwachen aneinander, und indem sie sich immer wieder und wiederum finden, erwachen sie, indem jeder in der Zwischenzeit ein anderes durchgemacht hat und etwas weitergekommen ist, in einem gewandelten Zustand aneinander. Das Erwachen ist ein Erwachen in Sprossen und Sprießen. Und wenn Sie erst die Möglichkeit gefunden haben, daß Menschenseelen an Menschenseelen und Menschengeister an Menschengeistern erwachen, daß Sie hingehen in die anthroposophischen Gemeinschaften mit dem lebendigen Bewußtsein: Da werden wir erst zu so wachen Menschen, daß wir da erst Anthroposophie verstehen miteinander, und wenn Sie dann auf Grundlage dieses Verständnisses in eine erwachte Seele - nicht in die für das höhere Dasein schlafende Seele des Alltags - die anthroposophischen Ideen aufnehmen, dann senkt sich über Ihre Arbeitsstätte herunter die gemeinsame reale Geistigkeit.

Ist es denn Wahrheit, wenn wir von der übersinnlichen Welt reden und nicht imstande sind, uns aufzuschwingen zum Erfassen solcher realen Geistigkeit, solches umgekehrten Kultus? Erst dann stehen wir wirklich im Ergreifen, im Erfassen des Spirituellen drinnen, wenn wir nicht nur die Idee dieses Spirituellen abstrakt haben und etwa sie theoretisch wiedergeben können, auch für uns selbst theoretisch wiedergeben können, sondern wenn wir glauben können, aber glauben auf Grundlage eines beweisenden Glaubens, daß Geister im geistigen Erfassen geistige Gemeinschaft mit uns haben. Sie können nicht durch äußere Einrichtungen die anthroposophische Gemeinschaftsbildung hervorrufen. Sie müssen sie hervorrufen aus den tiefsten Quellen des menschlichen Bewußtseins selbst.

Der Lehrer wird durch das Kind erzogen

Quelle: GA 304a [6], S. 180-181, 1/1979, 30.08.1924

Nicht jeder Waldorflehrer hat die Hellsichtigkeit, hineinzuschauen; aber jeder hat in sich aufgenommen mit vollem Verständnis, mit voller Seele dasjenige, was die Geistesforschung erforschen kann über den Menschen, und jeder Waldorflehrer wendet es mit voller Seele an, denn das Kind ist selber der größte Lehrer, indem man das Kind vor sich hat Tag für Tag, Woche für Woche, von Jahr zu Jahr diese wunderbare Entwicklung sieht, und durch nichts wird ihnen so geweckt wie durch das Kind dasjenige, was notwendig ist. Und im täglichen Unterricht, in der Erziehung, im Umgang mit dem Kinde findet der Lehrer für die Lehrpraxis, für die Erziehungspraxis dasjenige, was ihm Geisteswissenschaft gibt, bewahrheitet, bekräftigt jeden Tag; er wächst jeden Tag in immer anschaulicherer Weise hinein. In dieser Art ist Erziehen und Unterrichten selber ein Leben. Die Schule ist ein Organismus, die Lehrerkonferenz die Seele, die aufstrahlt durch das fortwährende liebevolle Studium und Aufgehen in die einzelnen Schüler der einzelnen Klassen und so weiter.

Die Konferenz überwindet das Fachidiotentum

Quelle: GA 306 [20], S. 148-149, 4/1989, 21.04.1923

So liegt gerade bei dem Unterrichtssystem, dem Erziehungssystem, das in der Waldorfschule gepflegt wird, der Schwerpunkt im Lehrerkollegium und in den Beratungen des Lehrerkollegiums, weil die ganze Schule ein in sich belebter und durchgeistigter Organismus sein soll und weil mit wirklich innerem Anteil der Lehrer der 1. Klasse verfolgen soll dasjenige, was der Physiklehrer der 12. Klasse nicht nur macht in seiner Klasse, sondern an den Schülern erfährt und erlebt. Das strömt alles in der Lehrerkonferenz zusammen. Da strömen aber auch durcheinander alle die Ratschläge, die sich aus der gesamten Handhabung des Unterrichts ergeben. Es wird wirklich versucht, in der Lehrerkonferenz etwas zu haben wie die Seele des ganzen Schulorganismus. Da weiß der Lehrer der 1. Klasse, daß der Lehrer der 6. Klasse ein Kind hat, das in dieser oder jener Weise zurückgeblieben ist oder sich gerade in dieser oder jener Weise spezifisch begabt erweist. Und diese Dinge, die der einzelne weiß, die werden auf einem ganz anderen Gebiet bei den anderen fruchtbar. Da kennt, möchte ich sagen, der Lehrkörper deshalb, weil er eine Einheit ist, auch die ganze Schule als eine Einheit. Dann durchzieht die ganze Schule eine gemeinsame Begeisterung, aber auch gemeinsame Sorgen. Dann tragen alle Lehrkräfte miteinander dasjenige, was für die ganze Schule namentlich in moralisch-religiöser Weise, aber auch in erkenntnismäßiger Weise getragen werden muß.

Da erfährt man auch, wie der eine Unterricht, den der eine Lehrer erteilt, auf den anderen Unterricht, den der andere Lehrer erteilt, im besonderen wirkt. Gerade so wenig wie es im Menschenorganismus gleichgültig ist, ob der Magen in der richtigen Weise auf den Kopf abgestimmt ist oder nicht, so ist es in einer Schule nicht gleichgültig, ob die Unterrichtsstunde von 9 bis 10 Uhr in der 3. Klasse in der richtigen Weise entspricht der Unterrichtsstunde von 11 bis 12 Uhr in der 8. Klasse. Das sind natürlich alles Dinge, die extrem und radikal gesagt werden, die in dieser Extremheit und Radikalität natürlich nicht erfüllt werden, aber sie werden so gesagt, weil sie wirklichkeitsgemäß sind.

Das zentrale Verwaltungsorgan rückt das einzelne Kind ins Zentrum

Quelle: GA 257 [19], S. 86, 4/1989, 21.07.1924

Zunächst möchte ich dieses andeuten, daß die Seele alles Unterrichtens und Erziehens in der Waldorfschule zunächst die Lehrerkonferenz ist, jene Lehrerkonferenzen, welche regelmäßig vom Lehrerkollegium abgehalten werden und denen ich beiwohne, wenn ich selber in Stuttgart sein kann. Diese Lehrerkonferenzen befassen sich nun nicht bloß mit demjenigen, was äußere Schuleinrichtungen sind, etwa mit der Abfassung des Lehrplanes, mit der Gliederung der Klassen und so weiter, sondern sie befassen sich in einer eingehenden Weise mit dem ganzen Leben der Schule und mit allem, was dieses Leben der Schule beseelen soll. Nun ist ja die Schule daraufhin eingerichtet, Unterricht und Erziehung zu leisten auf Grundlage von Menschenerkenntnis, das heißt aber dann, auf Grundlage der Erkenntnis der einzelnen Kinderindividualitäten. Daher bildet die Beobachtung, die psychologische Beobachtung der Kinderindividualitäten ein wesentliches Moment in der ganzen Ausgestaltung des Unterrichtes im einzelnen, im konkreten. In den Lehrerkonferenzen wird über das einzelne Kind so gesprochen, daß das Wesen der menschlichen Natur eben in jener besonderen Individualität erfaßt zu werden versucht wird, die in einem Kinde gegeben ist. Sie können sich denken, daß man da alle Grade und Arten von kindlichen Befähigungen und kindlichen Seelenkräften vor sich hat. Man hat da alles vor sich, was im kindlichen Menschen vorhanden ist von der, man möchte sagen psychologisch-physiologischen Minderwertigkeit bis hinauf - hoffentlich bestätigt das das Leben - zur Genialität.

Wenn man Kinder beobachten will nach ihrer wirklichen Wesenheit, dann handelt es sich vor allem darum, daß man den psychologischen Blick für die Kinderbeobachtung sich erwirbt. Dieser psychologische Blick schließt nicht nur eine gröbere Beobachtung der einzelnen kindlichen Fähigkeiten ein, sondern vor allen Dingen eine Bewertung dieser kindlichen Fähigkeiten. Denn Sie müssen nur das Folgende bedenken: Man kann ein Kind vor sich haben, das außerordentlich begabt erscheint in bezug auf Lesen- oder Schreibenlernen, das sehr begabt erscheint zum Beispiel in bezug auf Rechnenlernen oder Sprachenlernen. Aber stehenbleiben dabei, sich zu sagen: Dieses Kind ist begabt, denn es lernt leicht Sprachen, lernt leicht Rechnen und so weiter - das ist eine psychologische Oberflächlichkeit. Im kindlichen Alter, etwa von 7, 8 oder 9 Jahren, kann die Leichtigkeit, mit der das Kind lernt, bedeuten, daß aus dem Kinde einstmals ein Genie werden wird; sie kann aber ebensogut bedeuten, daß aus ihm einmal ein nervenkranker oder irgendwie anders kranker Mensch wird. Wenn man einen Einblick darin hat, daß ja die menschliche Wesenheit außer dem physischen Leib, der sich dem Auge darbietet, auch noch den ätherischen Leib in sich trägt, der den Wachstums- und Ernährungskräften zugrunde liegt, der das Kind größer werden läßt; wenn man weiter bedenkt, daß der Mensch auch einen astralischen Leib in sich hat, der in seinen Gesetzen überhaupt nichts mehr mit dem zu tun hat, was physisch aufbauend ist auf der Erde, sondern der eigentlich das Physische fortwährend abbaut, es zerstört, damit das Geistige Platz hat; und wenn man weiter bedenkt, daß dann noch mit dem Menschen die Ich-Organisation verbunden ist, so daß man die drei höheren Organisationen - ätherischer Leib, astralischer Leib, Ich-Organisation ebenso beachten muß wie den sichtbaren physischen Leib, dann wird man sich auch eine Vorstellung davon bilden können, wie kompliziert ein solches Menschenwesen eigentlich ist, und wie jedes dieser Glieder der menschlichen Wesenheit bewirken kann, daß auf irgendeinem Gebiete Begabung oder Nichtbegabung vorhanden ist, oder eine trügerische Begabung, eine vorübergehende, krankhafte Begabung sich zeigt. Dafür muß man sich den Blick aneignen, ob nun die Begabung eine solche ist, die nach dem Gesunden hingeht, oder eine solche, die etwa nach dem Krankhaften hingeht.

Wenn man diejenige Menschenerkenntnis, von der hier in diesen Vorträgen die Rede ist, mit der nötigen Liebe, Hingabe und Opferwilligkeit als Lehrer und Erzieher vertritt, dann stellt sich das Eigentümliche heraus, daß man im Zusammenleben mit den Kindern - mißverstehen Sie das Wort nicht, es soll nicht eine Renommage bedeuten - immer weiser und weiser wird. Man findet es sozusagen selber, wie man irgendeine Fähigkeit oder Verrichtung eines Kindes zu taxieren hat. Man lernt sich eben ganz hineinleben in die Natur des Kindes und verhältnismäßig schnell sich hineinleben.

Ich weiß, daß mancher sagen wird: Wenn du uns da behauptest, daß der Mensch außer seinem sichtbaren Leib noch die übersinnlichen Glieder, Ätherleib, Astralleib und Ich-Organisation hat, so könnte doch eigentlich nur der hellsichtige Mensch Lehrer sein, der diese übersinnlichen Glieder der Menschennatur schauen kann. Das ist aber nicht der Fall. Alles was durch Imagination, Inspiration und Intuition am Menschen geschaut werden kann, wie ich es in meinen Büchern beschrieben habe, das kann, weil es beim Kinde in der physischen Organisation überall sich ausdrückt, auch beurteilt werden an der physischen Organisation. Daher liegt durchaus die Möglichkeit vor, daß ein Lehrer oder Erzieher, der einfach in liebevoller Weise auf der Grundlage einer umfassenden Menschenerkenntnis seinen Beruf ausübt, davon sprechen kann, daß er in einem bestimmten Falle zum Beispiel sagt: Hier liegt vor, daß ein Kind in bezug auf sein Ich, seinen astralischen Leib und auch in bezug auf seinen ätherischen Leib ganz gesund ist; der physische Leib aber zeigt in sich Verhärtungen, Versteifungen, so daß das Kind seine Fähigkeiten, die es im Geistigen veranlagt hat, nicht herausbilden kann, weil der physische Leib ein Hindernis ist.

Und deshalb ist das Herz der Waldorfschule, wenn ich von ihrer Organisation spreche, die Lehrerkonferenz, es sind die Lehrerkonferenzen, die von Zeit zu Zeit immer abgehalten werden. Wenn ich selbst in Stuttgart sein kann, geschieht sie unter meiner Leitung, sonst aber finden diese Lehrerkonferenzen auch in verhältnismäßig sehr kurzen Zwischenräumen statt. Da wird wirklich bis ins Einzelnste hinein alles vor der gesamten Lehrerschaft verhandelt über die gesamte Schule, was der einzelne Lehrer in seiner Klasse an Erfahrungen machen kann. So daß fortwährend diese Lehrerkonferenzen die Tendenz haben, die Schule so als einen ganzen Organismus zu gestalten, wie der menschliche Leib ein Organismus ist dadurch, daß er ein Herz hat. Da handelt es sich allerdings bei diesen Lehrerkonferenzen viel weniger um abstrakte Grundsätze, sondern überall bei den Lehrern um den guten Willen zum Zusammenleben, um das Hintanhalten jeder Art von Rivalität. Und vor allen Dingen handelt es sich darum, daß man etwas, was dem anderen nützt, nur vorbringen kann, wenn man die entsprechende Liebe zu jedem einzelnen Kinde hat. Aber ich meine dabei nicht jene Liebe, von der man oft spricht, sondern jene Liebe, die man gerade als artistischer Lehrer hat.

Diese Liebe, die hat noch eine andere Nuance als die gewöhnliche Liebe. Es ist ja wiederum eine andere Nuance, aber dennoch, wer mit kranken Menschen als Menschen innig Mitleid haben kann, hat zunächst die allgemeine Menschenliebe. Aber um einen Kranken zu behandeln, muß man auch - bitte, mißverstehen Sie das nicht, aber es ist so - die Liebe zur Krankheit haben können. Man muß auch sprechen können von einer schönen Krankheit. Die ist natürlich sehr schlimm für den Patienten, aber sie ist für denjenigen, der sie behandeln muß, eine schöne Krankheit. Eine prachtvolle Krankheit kann sie unter Umständen sein. Sie mag sehr schlimm sein für den Patienten, sie ist aber für den, der sich hineinversetzen muß, der sie mit Liebe behandeln können muß, eine prachtvolle Krankheit. Und so ist auch ein völlig nichtsnutziger Knabe, ein Strick, wie man im Deutschen sagt, der ist unter Umständen durch die Art, wie er sein Stricktum auslebt, wie er schlimm ist, wie er nichtsnutzig ist, zuweilen so außerordentlich interessant, daß man ihn außerordentlich lieben kann.

Das Zentralorgan ist ein „Seminar“

Quelle: GA 307 [15], S. 241-245, 5/1986, 27.02.1923

Diese Lehrerkonferenzen sind nicht nur etwa dazu bestimmt, um den Schülern Zeugnisse vorzubereiten, um sich über die Verwaltungsangelegenheiten der Schule zu beraten und dergleichen, oder über die Strafen, die für die Schüler angesetzt werden sollen, wenn sie dies oder jenes verbrochen haben und dergleichen, sondern diese Schulkonferenzen sind eigentlich die fortlaufende lebendige Hochschule für das Lehrerkollegium. Sie sind das fortdauernde Seminar.

Das sind sie dadurch, daß für den Lehrer wiederum jede einzelne

Erfahrung, die er in der Schule macht, ein Gegenstand für seinen eigenen Unterricht, für seine eigene Erziehung wird. Und in der Tat, wer in dieser Weise, indem er lehrt, indem er erzieht, zu gleicher Zeit auf der einen Seite tiefste psychologische Einsicht in die unmittelbare Praxis aus der Handhabung des Unterrichts und der Erziehung, wie andererseits aus der besonderen Eigentümlichkeit - den Charakteren, den Temperamenten der Kinder -, wer eine solche Selbsterziehung, einen solchen Unterricht für sich selber herausholt aus der Praxis des Unterrichtens, der wird fortwährend Neues finden. Neues für sich, Neues für das ganze Lehrerkollegium, mit dem alle die Erfahrungen, alle die Erkenntnisse, die gewonnen werden in der Handhabung des Unterrichts, in den Konferenzen ausgetauscht werden sollen. So daß das Lehrerkollegium wirklich innerlich geistig-seelisch ein Ganzes ist, daß jeder weiß, was der andere macht, was der andere für Erfahrungen gemacht hat, inwiefern der andere weitergekommen ist durch dasjenige, was er in der Klasse mit den Kindern erlebt hat.

So gestaltet sich das Lehrerkollegium wirklich zu einem Zentralorgan, von dem das ganze Blut der Unterrichtspraxis ausgehen kann, und der Lehrer hält sich dadurch frisch und lebendig. Die beste Wirkung wird vermutlich sein, daß durch solche Konferenzen, durch solches Konferenzleben die Lehrer fortwährend eben in innerer Lebendigkeit verbleiben, nicht eigentlich in Wirklichkeit seelisch und geistig alt werden; denn das muß ja der Lehrer gerade erstreben: seelisch und geistig jung zu bleiben. Das kann aber nur dann geschehen, wenn ein wirklich geistig-seelisches Lebensblut zu einem Zentralorgan hinfließt, wie das menschliche Blut zum Herzen und von da wiederum ausfließt. Das ist konzentriert als ein geistig-seelisches Kräftesystem in demjenigen, was gesucht wird in der Waldorfschule als das Leben in den Lehrerkonferenzen, die allwöchentlich und eben, wie gesagt, auch von Zeit zu Zeit in meiner Gegenwart abgehalten werden. [...]

Und ebenso wie nach dem Zentrum hin die Lehrerkonferenz uns ein Wesentliches ist, so ist uns nach der Peripherie hin dasjenige, was wir in den Elternabenden haben, etwas außerordentlich Wichtiges. Wir versuchen wenigstens von Monat zu Monat, jedenfalls aber von Zeit zu Zeit Elternabende zu veranstalten. Da versuchen wir, die Eltern zu versammeln, die Kinder in unserer Schule haben, und die eben kommen können, und da wird von den Lehrern für die Eltern dasjenige auseinandergesetzt, was eine Verbindung schaffen kann zwischen der Schuljugend und den Elternhäusern. Und gerade auf dieses dem ganzen Schulwesen entgegenkommende Verständnis von Seiten der Eltern rechnen wir so stark. Da wir nicht aus Verordnungen, aus Programmen heraus, sondern aus dem Lebendigen heraus unterrichten und erziehen, können wir uns auch nicht sagen: du hast deinen Lehrplan, der dir von dieser oder jener Intelligenz vorgeschrieben ist, beobachtet, also hast du das Richtige getan. Wir müssen wiederum lernen, das Richtige zu fühlen im lebendigen Verkehr mit denjenigen, die als Eltern, als die Verantwortlichen, uns ihre Kinder in die Schule hineingebracht haben. Und an diesem Echo, das da an den Elternabenden den Lehrern wiederum entgegenkommt, belebt sich auch von der anderen Seite her das, was der Lehrer braucht, was der Lehrer namentlich dazu braucht, um immer selber innerlich lebendig zu bleiben.

Ein Lebewesen lebt nicht allein dadurch, daß es in einer Haut eingeschlossen ist. Der Mensch ist auch nicht dasjenige, was da in dem Rauminhalte steckt, der in die Haut eingeschlossen ist. Wir tragen in jedem Augenblicke eine bestimmte Luftmenge in uns; die war vorher draußen, sie gehörte der ganzen Atmosphäre an. Wir werden bald wiederum die Luft, die wir in uns haben, ausgeatmet haben; sie wird wiederum in der ganzen Atmosphäre wirken. Ein Lebewesen gehört der ganzen Welt an und ist nicht denkbar ohne die ganze Welt, ist nur ein Glied in dem Universum. So ist es aber auch mit dem Menschen in bezug auf das gesamte Wesen und Leben überhaupt. Der Mensch ist nicht ein einzelnes Wesen innerhalb der sozialen Ordnung, sondern er ist ganz eingeordnet in diese soziale Ordnung. Er kann nicht leben, ohne daß er mit dem Äußeren der sozialen Ordnung ebenso in Verbindung steht wie mit Luft und Wasser, wie dasjenige, was vom physischen menschlichen Wesen in die Haut eingeschlossen ist.[...]

Wie kapselt sich heute jeder ein! Wie ist das Fachmannssystem ausgebildet! Man schämt sich, irgend etwas zu wissen, was nicht gerade in der Einkapselung des Faches ist. Da muß man zu dem Sachverständigen gehen. Die Sache, um die es sich handelt, ist diese, daß die Menschen weitherzig werden, daß sie mit ihrem Herzen Anteil nehmen können an der Gesamtzivilisation. Das ist etwas, was durch die Prinzipien derjenigen Pädagogik, die hier vertreten wird, hineinzubringen versucht wird zuerst in die Lehrerschaft - denn zuerst hat es sich bei der Waldorfschule um die Erziehung der Lehrerschaft gehandelt - und auf dem Umwege durch die Lehrerschaft in die Schülerschaft. Und die Schülerschaft, das ist unsere große Hoffnung, unser Ziel, an das wir bei jeder einzelnen Maßnahme denken, die Schülerschaft soll es in rechtmäßiger Weise in das Leben hinaustragen.

Offizielle Unterrichtssprache ist Ursache für Völkerhass

Quelle: GA 329 [13], S. 36, 1/1985, 11.03.1919

Wenn hingearbeitet wird auf die Beantwortung der Frage: Was soll der Staat unterlassen? - so bekommt man aus dieser Betrachtung heraus die Antwort: Er soll unterlassen, sich in die Funktionen des geistigen und in die Funktionen des wirtschaftlichen Lebens einzumischen. Er soll sich auf das Gebiet, das das rein politische, das das rein rechtliche Gebiet ist, beschränken. Dadurch aber wird auch im außerpolitischen Leben die notwendige Konsequenz eintreten, daß über die ganze Erde hin die wirtschaftlichen Interessen des einen Gebietes unmittelbar zur Verhandlung, zum Austausch, zum Verkehr kommen mit den wirtschaftlichen Interessen des anderen Gebietes, und ebenso die Rechtsverhältnisse und die geistigen Verhältnisse. Sind die geistigen Verhältnisse auf einem Gebiete befreit, dann wird niemals aus diesem geistigen Gebiete heraus irgendein Anlaß entstehen können, der sich in irgendeinem kriegerischen Ereignisse entladen könnte. Man kann das im kleinsten beobachten. Die geistigen Interessen können mit den kriegerischen Konflikten nur in eine Beziehung kommen dadurch, daß das staatliche Leben dazwischen tritt. Auch da kann man eigentlich nur aus der Erfahrung heraus urteilen; aber schon kleine Erfahrungen können beredt sein. Man konnte beobachten, wenn man für solche Dinge einen Blick hat, wie in Ungarn zum Beispiel in den Zeiten, in denen das staatliche Leben in Ungarn sich noch nicht in den deutschsprachigen Teilen in alles hineingemischt hatte, in den zahlreichen deutschen Gegenden die Leute, die eben deutsche Kinder hatten, sie in deutschsprachige Schulen schickten, die in deutschen Gegenden wohnenden Magyaren sie in die magyarischen Schulen schickten, und umgekehrt: Die Deutschen, die in Gegenden wohnten mit magyarischen Schulen, schickten ihre Kinder in solche Gegenden, wo deutsche Schulen waren. Dieser Kinderaustausch wurde gepflegt in freier Weise. Es war ein freier Austausch des geistigen Gutes der Sprachen, so wie man andere geistige Güter in freiem Austausch pflegen kann, von Land zu Land, von Stadt zu Stadt. Dieser freie Austausch des geistigen Gutes der Sprachen bedeutete für das Land Ungarn einen tiefen Frieden in allen Gebieten, in denen er gepflegt worden ist. In diesen freien Austausch wurde der innerliche Volkstrieb hineingeprägt. Als der Staat sich hineinmischte, da wurde die Sache anders.

Ist Deutschland deutsch? Die Auflösung des Nationalstaats

Quelle: GA 23 [4], S. 112, 6/1976

Die innere Gliederung des gesunden sozialen Organismus macht auch die internationalen Beziehungen dreigliedrig. Jedes der drei Gebiete wird sein selbständiges Verhältnis zu den entsprechenden Gebieten der andern sozialen Organismen haben. Wirtschaftliche Beziehungen des einen Landesgebietes werden zu ebensolchen eines andern entstehen, ohne daß die Beziehungen der Rechtsstaaten darauf einen unmittelbaren Einfluß haben. Und umgekehrt, die Verhältnisse der Rechtsstaaten werden sich innerhalb gewisser Grenzen in völliger Unabhängigkeit von den wirtschaftlichen Beziehungen ausbilden. Durch diese Unabhängigkeit im Entstehen der Beziehungen werden diese in Konfliktfällen ausgleichend aufeinander wirken können. Interessenzusammenhänge der einzelnen sozialen Organismen werden sich ergeben, welche die Landesgrenzen als unbeträchtlich für das Zusammenleben der Menschen erscheinen lassen werden. - Die geistigen Organisationen der einzelnen Landesgebiete werden zueinander in Beziehungen treten können, die nur aus dem gemeinsamen Geistesleben der Menschheit selbst sich ergeben. Das vom Staate unabhängige, auf sich gestellte Geistesleben wird Verhältnisse ausbilden, die dann unmöglich sind, wenn die Anerkennung der geistigen Leistungen nicht von der Verwaltung eines geistigen Organismus, sondern vom Rechtsstaate abhängt. In dieser

Beziehung herrscht auch kein Unterschied zwischen den Leistungen der ganz offenbar internationalen Wissenschaft und denjenigen anderer geistiger Gebiete. Ein geistiges Gebiet stellt ja auch die einem Volke eigene Sprache dar und alles, was sich in unmittelbarem Zusammenhange mit der Sprache ergibt. Das Volksbewußtsein selbst gehört in dieses Gebiet. Die Menschen eines Sprachgebietes kommen mit denen eines andern nicht in unnatürliche Konflikte, wenn sie sich nicht zur Geltendmachung ihrer Volkskultur der staatlichen Organisation oder der wirtschaftlichen Gewalt bedienen wollen. Hat eine Volkskultur gegenüber einer andern eine größere Ausbreitungsfähigkeit und geistige Fruchtbarkeit, so wird die Ausbreitung eine gerechtfertigte sein, und sie wird sich friedlich vollziehen, wenn sie nur durch die Einrichtungen zustande kommt, die von den geistigen Organismen abhängig sind.

Gegenwärtig wird der Dreigliederung des sozialen Organismus noch der schärfste Widerstand von Seiten derjenigen Menschheitszusammenhänge erwachsen, die aus den Gemeinsamkeiten der Sprachen und Volkskulturen sich entwickelt haben. Dieser Widerstand wird sich brechen müssen an dem Ziel, das sich aus den Lebensnotwendigkeiten der neueren Zeit die Menschheit als Ganzes immer bewußter wird setzen müssen. Diese Menschheit wird empfinden, daß ein jeder ihrer Teile zu einem wahrhaft menschenwürdigen Dasein nur kommen kann, wenn er sich lebenskräftig mit allen anderen Teilen verbindet. Volkszusammenhänge sind neben anderen naturgemäßen Impulsen die Ursachen, durch die sich Rechts- und Wirtschaftsgemeinsamkeiten geschichtlich gebildet haben. Aber die Kräfte, durch welche die Volkstümer wachsen, müssen sich in einer Wechselwirkung entfalten, die nicht gehemmt ist durch die Beziehungen, welche die Staatskörper und Wirtschaftsgenossenschaften zueinander entwickeln. Das wird erreicht, wenn die Volksgemeinschaften die innere Dreigliederung ihrer sozialen Organismen so durchführen, daß jedes der Glieder seine selbständigen Beziehungen zu anderen sozialen Organismen entfalten kann. Dadurch bilden sich vielgestaltige Zusammenhänge zwischen Völkern, Staaten und Wirtschaftskörpern, die jeden Teil der Menschheit mit anderen Teilen so verbinden, daß der eine in seinen eigenen Interessen das Leben der andern mitempfindet. Ein Völkerbund entsteht aus wirklichkeitsgemäßen Grundimpulsen heraus. Er wird nicht aus einseitigen Rechtsanschauungen «eingesetzt» werden müssen.

Kein Protektionismus für die eigene Weltanschauung

Quelle: GA 330 [10], S. 323-325, 2/1983, 19.06.1919

Man muß sich doch auch darüber klar sein: Zu einer Uniformierung des menschlichen Seelenlebens dürfen wir durch keine Art von Zukunftspädagogik oder Zukunftsschulverfassung irgendwie kommen. Wir dürfen nicht etwas als allein gültige Anschauung in bezug auf das Seelisch-Geistige betrachten und verlangen, daß es den Kindern beigebracht werden soll. Wir müssen uns auch in die Seelen anders denkender und fühlender Menschen hineinversetzen können. Da handelt es sich durchaus darum, daß man sich nicht davor fürchtet, wenn zum Beispiel katholische Eltern verlangen, daß ihre Kinder auch katholischen Religionsunterricht bekommen. Man braucht sich nicht davor zu fürchten, wenn man selber nur stark auf eigenem Boden steht. Gerade so, wie man sich nicht zu fürchten braucht vor irgendeiner anderen Weltanschauung, wenn man den eigenen Enthusiasmus und die Kraft für eine eigene Weltanschauung hat. Diese Dinge sollen im freien Geistes-Wettstreit sich ausbilden können, aber jedenfalls nicht durch staatliche Gesetzmäßigkeit. So schädlich es ist, wenn durch eine staatliche Gesetzmäßigkeit eine

Kirche zur Staatskirche gemacht wird und ihr dadurch der Vorzug des Staates zuteil wird, ebenso schädlich ist es auch, wenn eine Kirche verfolgt wird. Keinerlei Art von Seelenverfassung sollte durch Staatsgesetzlichkeit irgendwie verfolgt oder protegiert werden. Und wer bei diesem Gedanken anfängt und ihn in ausreichendem Maße durchdenkt, der wird schon finden, daß es in der Tat notwendig ist, das Geistesleben und insbesondere das Schul- und Unterrichtswesen auf seinen eigenen Boden zu stellen.

Was darüber gesagt worden ist, daß die Autorität, die der Lehrer ausübt, nicht für das ganze Leben erhalten bleiben soll, sondern daß der junge Mensch davon frei werden soll, das ist entweder eine Selbstverständlichkeit, oder aber etwas ist mißverstanden. Denn es ist natürlich ganz selbstverständlich, daß man nicht sein ganzes Leben unter die Autorität eines Lehrers gestellt sein kann. Sie hat dahin zu arbeiten, daß man sich sagen kann: Wie wäre es, wenn man Lehrer würde? Dann würde man durch das, was die Autorität des Lehrers einem in die Seele gelegt hat, selber Autorität werden können.

Aber man muß die Dinge viel gründlicher und tiefer fassen, denn die Autorität eines Lehrers kann in der Tat durch das ganze Leben hindurch erhalten bleiben. Ich habe schon gesagt, was der Lehrer in der Erziehung gibt, das kann in Wirklichkeit nicht «bezahlt» werden. Die Bezahlung bedeutet dabei etwas ganz anderes. Was aber durch die Erziehung getan werden kann, das ist, daß sich das gegenseitige Verhältnis zwischen Lehrer und Schüler so gestaltet, daß der Lehrer das ganze Leben hindurch für einen Menschen Autorität bleiben kann. Und ich möchte einmal fragen, was es wohl Schöneres gibt, wenn man sich später, wenn man sechzig Jahre alt geworden ist und zurückblicken kann in seine Jugend, an einen Lehrer erinnert und sich dann sagt: Dieser Lehrer war für mich Autorität, ich stehe ihm heute noch mit vollster Dankbarkeit gegenüber, ich bin das, was ich geworden bin, mit durch ihn geworden! *Diese* Autorität kann schon erhalten bleiben und kann fortleben durch den lebenslänglichen Dank gegenüber dem Lehrer. Das sind die Dinge, mit denen eine Psychologie, die den heutigen Aufgaben gewachsen ist, rechnen muß.

Wenn dann gesagt worden ist, daß der Staat doch notwendig ist, oder daß er ersetzt werden kann durch einen Geistessenat oder dergleichen, so ist darüber schon gesagt worden: Wer den staatlichen Zwang nicht gefühlt hat, der hat ihn eben nicht gesehen. Und sehen Sie, die Sache ist ja doch so, es ist wirklich, Staatslehrer zu sein, den Menschen vielfach zur zweiten Natur geworden. Und wenn ihnen das zur zweiten Natur geworden ist, dann wissen sie gar nicht mehr, daß nicht eigentlich ihre freie Persönlichkeit lehrt aus den Quellen des Geisteslebens heraus, sondern sie haben sich ja gewöhnt an den Staat, haben sich gewöhnt, das fortzusetzen im Unterricht, was der Staat ihnen bietet. Sie fühlen sich «frei». Aber das Sich frei-Fühlen ist insbesondere in der Geistesverfassung der gegenwärtigen Menschheit kein Beweis dafür, daß man auch wirklich frei ist.

Soll die Waldorfschule Teil der Anthroposophischen Gesellschaft sein?

Quelle: GA 300c [3], S. 112, 4/1975, 05.02.1924

Ich möchte schon die einzelnen Institutionen bitten, das durchaus immer so anzusehen, daß das, was von Dornach ausgeht, immer einen esoterischen Hintergrund hat. Auf der anderen Seite ist ebenso begreiflich, daß gerade die Waldorfschule in ihren Vertretern die Frage aufgeworfen hat, welche Stellung sie nun zu Dornach beziehungsweise zur Freien Dornacher Hochschule nehmen will.

Nun treten da sogleich, wie Sie vielleicht, wenn Sie sich die Frage genauer überlegt haben, schon gefühlt haben werden, es treten sogleich bedeutsame Schwierigkeiten auf. Insbesondere durch den letzten Entschluß in bezug auf den Verwaltungsrat, den Sie im Auftrage des Verwaltungsrates ausgerichtet haben. Die Sache ist nämlich diese: Es ist nötig, erst die Form zu suchen, in der die Waldorfschule diesen Anschluß an die Hochschule vollziehen kann. Unmittelbar formell ist ja die Waldorfschule keine anthroposophische Institution, sondern eine freie Schöpfung, die ja allerdings auf der Grundlage der anthroposophischen Pädagogik aufgebaut ist, aber die sowohl durch die Art, wie sie dem Publikum, wie auch durch die Art, wie sie den gesetzlichen Institutionen gegenübersteht, eben keine anthroposophische Institution ist, sondern eine Schule für sich, die die anthroposophische Pädagogik aufgenommen hat.

Nehmen Sie nun an, die Freie Waldorfschule als solche würde nunmehr in eine Art von offizieller Beziehung als solcher zur Freien Hochschule in Dornach treten, dann würde sofort die Waldorfschule eine anthroposophische Schule werden, auch äußerlich formal eine anthroposophische Schule werden. Selbstverständlich kann es Gesichtspunkte geben, die dazu führen könnten, solch einen Entschluß zu fassen. Aber auf der andern Seite ist es doch notwendig, wiederum zu bedenken, ob nicht die Waldorfschule ihre Kulturaufgabe auch weiter als freie Schule in einer ungehinderteren Form realisieren kann, als wenn sie direkt ein Glied alles desjenigen ist, was von Dornach ausgeht. Denn dasjenige, was von Dornach ausgeht, wird auch in Dornach zusammengefaßt werden. Würde die Freie Waldorfschule unmittelbar in Beziehung zu Dornach treten, so würde dies bedeuten, daß für alle Angelegenheiten der Schule, die dann innerhalb der pädagogischen Sektion der Anthroposophischen Gesellschaft fallen, zu gleicher Zeit die Leitung der Freien Hochschule in Dornach verantwortlich und auch kompetent sein würde. Denn Dornach wird in Zukunft keine Dekoration sein, wie es die anthroposophischen Institutionen oft bisher waren; Dornach wird eine Realität sein. Es würde in der Tat jede Institution, die zu Dornach gehört, auch die Kompetenz der Dornacher Leitung anerkennen müssen. Das würde eine notwendige Folge davon sein. Und zu gleicher Zeit würde dadurch der ganzen Führung der Waldorfschule der Charakter des Esoterischen aufgedrückt werden. [...]

Mit der Weihnachtstagung bin ich Vorsitzender der Anthroposophischen Gesellschaft geworden, und meine Handlungen sind fortan die des Vorsitzenden der Anthroposophischen Gesellschaft. Wenn ich fortan den Verwaltungsrat ernennen würde, so würde er vom Vorsitzenden der Anthroposophischen Gesellschaft ernannt sein. Es würde die oberste Institution der Freien Waldorfschule eingesetzt sein vom Vorstand der Anthroposophischen Gesellschaft. Auch das ist etwas, was durchaus in Erwägung gezogen werden könnte. [...]

Nun gibt es noch andere Formen, in denen die Freie Waldorfschule in Beziehung treten kann zu Dornach. Und das würde sein, wenn nicht die Schule unterstellt würde Dornach, sondern wenn das Lehrerkollegium als solches, oder aber diejenigen Persönlichkeiten innerhalb des Lehrerkollegiums, die das wollen, nicht nur für ihre Person, sondern als Lehrer der Schule in ein Verhältnis treten würden zu Dornach, zum Goetheanum, zur Freien Hochschule für Geisteswissenschaft. Dann würde das der Schule den Charakter nicht nehmen, sondern das würde ja nur der Außenwelt gegenüber betonen, daß fortan auch die Pädagogische Sektion am in Dornach als der Impulsgeber für die Waldorfschul-Pädagogik fortdauernd angesehen wird, wie ja die anthroposopliische Pädagogik bisher auch angesehen worden ist. Der Unterschied wäre der, daß das Verhältnis zur anthroposophischen Pädagogik bisher ein mehr theoretisches war, daß dann in Zukunft das Verhältnis mehr ein lebendiges sein würde, in dem man dann entweder als ganzes Lehrerkollegium oder in einzelnen Persönlichkeiten sich richten würde nach den Impulsen, die sich ergeben, wenn man als Lehrer der Freien Waldorfschule Mitglied der Freien Hochschule für Geisteswissenschaft ist. Damit würde sich aber dann doch als unmöglich gestalten, daß der Verwaltungsrat gewissermaßen vom Goetheanum aus ernannt wird.

Wie kann die Waldorfschule ein Beispiel werden?

Quelle: GA 334 [11], S. 159, 1/1983, 19.03.1920

Noch immer breitet sich aus über der europäischen Menschheit, überhaupt über der modernen zivilisierten Menschheit etwas wie eine Schläfrigkeit der Seelen, und wenn auch diejenigen, die heute schon wirken in der Bewegung für die Dreigliederung des sozialen Organismus, das eine oder andere aus ihren Überzeugungen getan haben, sie wissen: das Richtige wird erst kommen, wenn eine genügend große Anzahl von Menschen sich auf die Einzelheiten der Sache einläßt.

Wir haben ja schon die Möglichkeit gehabt, in der Waldorfschule in Stuttgart eine Freie Schule zu begründen, in der Kinder zwischen dem sechsten, siebenten und dem vierzehnten und fünfzehnten Lebensjahre in einer achtklassigen Volksschule nach den Grundsätzen eines freien Geisteslebens unterrichtet werden, so daß sie aus einem freien Geistesleben heraus in eine soziale Ordnung hineinwachsen. Wir haben das Verschiedenste auf diesem Gebiet versucht, und auch wirtschaftliche Dinge sind in Aussicht genommen, wo wir versuchen wollen, die verschiedensten Zweige des wirtschaftlichen Lebens unter die Gesichtspunkte der Dreigliederung zu stellen, sie zu organisieren, sie zu finanzieren nach diesen Gesichtspunkten; denn es wird vielleicht ganz besonders notwendig sein, um überzeugend zu wirken, daß das Vorbild, daß das Beispiel dastehe. Aber um dieses Beispiel in genügendem Maße zur Wirkung zu bringen, um es überhaupt in die Wirklichkeit hineinzustellen, ist eben vor allen Dingen notwendig, daß eine genügend große Anzahl von Menschen sich an der Diskussion darüber beteiligt, was der Impuls für die Dreigliederung des sozialen Organismus eigentlich will.

Kurzfassung der sozialen Dreigliederung

Quelle: GA 337a [28], S. 202-206, 1/1999, 16.06.1920

Heute will der Mensch aus seinem tiefsten Innern heraus, daß der Geist mitspreche bei der Bestimmung der sozialen Struktur. Das kann aber nur geschehen, wenn das Geistesleben nicht mehr ein Anhängsel des aus alten Blutseroberungen hervorgegangenen Staates bleibt, sondern wenn das Geistesleben auf sich selbst gestellt wird, wenn das Geistesleben nur nach den Impulsen, die in ihm selbst liegen, wirkt. Dann kann man bei den führenden Menschen in diesem Geistesleben voraussetzen, daß sie das, was ihnen obliegt - wir werden gleich von einigem weiteren sprechen, was ihnen obliegt; in den «Kernpunkten» ist ja vieles angeführt -, nämlich die Menschen in die soziale Struktur hineinzuführen nach Erkenntnissen der Begabungen, des Fleißes und so weiter, daß sie das wirklich ohne Gesetze, rein durch die Erkenntnisse naturgemäßer Verhältnisse tun. Und man wird sagen müssen: Auf dem Gebiete des Geisteslebens, das für sich dastehen und aus seinen eigenen Impulsen wirken wird, da werden die Erkenntnisse des Tatsächlichen dasjenige sein, was bestimmend wirkt. Sagen wir also kurz: Das Geistesleben, der geistige Teil des sozialen Organismus, fordert als sein Recht Erkenntnisse [der tatsächlichen Kräfte], die aber Tatkraft-Erkenntnisse sind...

Meine sehr verehrten Anwesenden, bis in die tatsächlichsten Verhältnisse hinein ist ja unser ganzer sozialer Organismus, insofern das Geistige in ihm wirkt, gebunden an das, was mit jeder neuen Generation erscheint, ja, was mit jedem neuen Menschen aus unbestimmten Tiefen in den sozialen Organismus neue Kräfte hineinführt. Nehmen Sie den jetzigen Zeitpunkt. Dürfen Sie irgendwie aus den Verhältnissen der jetzigen Zeit heraus, wenn Sie es ehrlich mit der Menschheit meinen, irgendeine Organisation einrichten, welche in einer ganz bestimmten Weise das Zusammenleben der Menschen bestimmt? Nein, das dürfen Sie nicht! Denn mit jedem einzelnen Menschen werden neue Kräfte aus unbekannten Tiefen heraus geboren; die haben wir zu erziehen, und wir haben zu warten, was sie hineintragen in das Leben. Wir haben nicht dasjenige, was da durch die geistigen Anlagen in das Leben getragen wird, zu tyrannisieren durch etwa schon bestehende Gesetze oder eine schon bestehende Organisation; wir müssen dasjenige, was uns hineingetragen wird aus geistigen Welten, unbefangen empfangen, wir dürfen es nicht tyrannisieren und dogmatisieren durch dasjenige, was schon da ist. Daher brauchen wir ein solches Glied des sozialen Organismus, das ganz aus der Freiheit heraus, aus der Freiheit der immer neu in die Menschheit hereingeborenen menschlichen Anlagen heraus wirkt.

Das zweite Glied des sozialen Organismus, das staatlich-rechtliche Leben, das ist schon etwas weniger abhängig von dem, was da hereinkommt aus geistigen Welten. Denn es betätigen sich, wie wir wissen, auf dem Gebiet des Rechtslebens, des Staatslebens die mündig gewordenen Menschen. Und, meine sehr verehrten Anwesenden, wenn wir mündig geworden sind, hat uns eigentlich schon ergriffen ein großes Maß von Durchschnittlichkeit. Da hat gewissermaßen das Nivellement des Philisteriums uns ins Genick geschlagen. Und insofern wir als mündig gewordene Menschen alle gleich sind, sind wir schon - das soll gar nicht in schlimmem Sinne gesagt werden - in einem gewissen Sinne ein bißchen in den Scheuledern der Philistrosität drinnen. Wir sind in dem drinnen, was man regeln kann durch Gesetze.

Sie werden aber sagen: Ja, wir können doch nicht alles geistige Leben von den Kindern abhängig machen; da muß doch auch die geistige Anlage, die geistige Fähigkeit und der geistige Fleiß über das Mündigkeitsalter hinausgehen. - Im Grunde genommen nicht, so paradox das klingt. Denn unsere über das Durchschnittsmaß hinausgehenden Fähigkeiten, wenn wir über die zwanziger Jahre hinausgekommen sind, die beruhen gerade darauf, daß wir uns - das zeigt uns die ernste geisteswissenschaftliche Forschung auf Schritt und Tritt -, daß wir uns bewahrt haben, was wir in der Kindheit als Anlage und so weiter gehabt haben. Und das größte Genie ist derjenige Mensch, der sich am meisten in die dreißiger, vierziger, fünfziger Jahre hineinträgt die Kräfte der Kindlichkeit. Man übt dann nur diese Kräfte der Kindlichkeit mit dem reifen Organismus, der reifen Seele und der reifen Geistigkeit aus, aber es sind die Kräfte der Kindlichkeit. Unsere Kultur hat ja nun leider die Eigentümlichkeit, daß sie diese Kräfte der Kindlichkeit schon durch die Erziehung möglichst totschlägt, so daß bei einer möglichst geringen Anzahl von Menschen die kindlichen Eigentümlichkeiten bis in das philiströse Alter hinein bleiben und die Menschen entphilistern. Denn eigentlich beruht alles Nicht-Philister-Sein darauf, daß einen die bewahrten Kindheitskräfte eben gerade entphilistern, daß sie durchschlagen durch das spätere Philistertum.

Weil da aber nun etwas auftritt, was nicht gegenüber den gegenwärtigen Bewußtseinsbedürfnissen der Menschheit fortwährend erneuert werden muß, können in der neueren Zeit die Verhältnisse des Rechts- und Staatslebens ja nur auf demokratischem Boden durch Gesetze geregelt werden. Gesetze sind nicht Erkenntnisse. Bei Erkenntnissen müssen wir immer uns der Wirklichkeit gegenüberstellen, und aus der Wirklichkeit heraus müssen wir durch Erkenntnisse den Impuls zu dem bekommen, was wir tun sollen. So ist es bei der Erziehung und auch bei allem anderen, von dem ich gezeigt habe in den «Kernpunkten», daß es von dem geistigen Gliede des sozialen Organismus ausgehen muß. Bei Gesetzen, wie ist es denn da? Gesetze werden gegeben, damit das staatlich-politische Leben, das Rechtsleben, bestehen kann. Aber man muß warten, bis einer nötig hat, im Sinne eines Gesetzes zu handeln, erst dann muß er sich um dieses Gesetz kümmern. Oder man muß warten mit der Anwendung des Gesetzes, bis einer es übertritt. Kurz, es ist immer etwas da, das Gesetz, aber erst für den Fall, der eventuell eintreten kann. Immer ist das Wesen der Eventualität vorhanden, der casus eventualis. Das ist etwas, was immer dem Gesetz zugrundeliegen muß. Man muß warten, bis man mit den Gesetz etwas machen kann. Das Gesetz kann da sein; wenn es nicht einschlägt in meine Sphäre, dann interessiert mich das Gesetz nicht. Es gibt ja heute viele Menschen, die glauben, daß sie sich für das Gesetz im allgemeinen interessieren, aber es ist doch so, wie ich es jetzt angedeutet habe - wenn einer ehrlich ist, muß er das zugeben. Also: das Gesetz ist etwas, was da ist, was aber auf die Eventualität hin arbeiten muß. Das ist dasjenige, was nun zugrundezuliegen hat dem rechtlichen, dem staatlichen, dem politischen Teil des dreigegliederten Organismus.

Beim wirtschaftlichen Gliede kommt man mit dem Gesetz nicht aus, denn es reicht nicht aus, Gesetze bloß zu geben etwa darauf, ob einem aus diesen oder jenen Verhältnissen das oder jenes in einer bestimmten Weise geliefert werden soll. Da kann man nicht auf Eventualitäten hin arbeiten. Da tritt ein drittes neben der Erkenntnis und neben dem Gesetz auf, das ist der Vertrag, der bestimmte Vertrag, der geschlossen wird zwischen denen, die wirtschaften - den Korporationen und den Assoziationen -, der nicht wie das Gesetz auf das Eventuelle hin arbeitet, sondern der auf das ganz bestimmte Erfülltwerden hin arbeitet. Ebenso wie die Erkenntnis im geistigen Leben und wie das Gesetz im staatlich-politisch-rechtlichen Leben herrschen muß, so muß herrschen der Vertrag, das Vertragswesen in all seinen Verzweigungen im Wirtschaftsleben. Das Vertragswesen, das nicht auf Eventualität, sondern auf Verbindlichkeit hin vorhanden ist, das ist dasjenige, was bewirken muß alles das, was Sie in den «Kernpunkten» geschildert finden als das dritte Glied des sozialen Organismus.

Wir können also sagen, wir haben da drei anschauliche Gesichtspunkte, aus denen heraus wir verstehen können, wie dem Wesen nach diese drei Glieder sein müssen. Alles, was im Leben unterliegt den Erkenntnissen, das muß verwaltet werden auf dem freien Boden des geistigen Gliedes. Alles, was im Leben in Gesetze eingespannt werden kann, gehört dem Staate an. All das, was dem verbindlichen Vertrag unterliegt, muß dem Wirtschaftsleben eingefügt werden.

Meine sehr verehrten Anwesenden, wenn die Leute glauben, daß dasjenige, was in den «Kernpunkten» ausgeführt worden ist, ein paar ausspintisierte Ideen sind, so irren sie sich gar sehr. Über das, was in den «Kernpunkten» ausgesprochen ist, kann man immerfort reden von den allerverschiedensten Gesichtspunkten aus, weil es aus dem Leben entnommen ist. Und das Leben können Sie so schildern, wie es bei einem Baum ist, den man photographiert: von der einen Seite hat man diesen Aspekt, von einer zweiten Seite einen anderen, von einer dritten, vierten Seite gibt es wieder ein anderes Bild und so weiter. Das ist das Eigentümliche: Wenn etwas aus dem Leben ist, wenn es nicht bloß eine vertrackte Utopie oder eine vertrackte Idee ist, sondern wirklich aus dem Leben, so kann man immer neue Gesichtspunkte finden, weil das Leben mannigfaltig reich in seinem Inhalte ist. [Mit dieser Mannigfaltigkeit des Lebens rechnet die Dreigliederung.] Man kann im Grunde genommen nicht auslernen, [überall in dieser Vielfalt] die Notwendigkeiten der Dreigliederung des sozialen Organismus zu sehen. Sie ist aber nicht irgend etwas Unbestimmtes, Nebuloses, sondern etwas, was in die schärfsten Begriffe gefaßt werden kann, wie ich sie Ihnen heute wieder zeigte mit Bezug auf Erkenntnis, Gesetz und Vertrag.

Rechtsimpulse kommen nicht in Betracht

Quelle: GA 337b [29], S. 140-141, 1/1999, 06.04.1920

Im naturgemäßen, lebendigen dreigliedrigen Organismus hat man es nun zu tun, ich möchte sagen mit den zwei polarischen Gegensätzen: auf der einen Seite mit dem geistigen Leben und auf der anderen Seite mit dem wirtschaftlichen Leben. Das geistige Leben, das sich, wenn es nur frei wird, aus denjenigen Kräftewirkungen ergibt, die die Menschen durch ihre Geburt und Entwicklung in das Dasein hereinbringen, dieses geistige Leben stellt durch seinen eigenen Inhalt eben eine Realität dar. Da wird gerade das Fruchtbare des geistigen Lebens sich entwickeln, wenn man nicht durch irgendwelche Normen beschneidet und einengt dasjenige, was einer kann. Das Fruchtbare ergibt sich ganz selbstverständlich einfach dadurch, daß es im Interesse der Menschen liegt, daß derjenige, der mehr kann und der größere Anlagen hat, auch mehr wirken kann. Es wird ganz selbstverständlich sein, daß der, sagen wir als Lehrer für eine Anzahl von Kindern genommen wird, von dem diejenigen, die einen Lehrer suchen, überzeugt sein können, daß er in seiner Sphäre das bewirken kann, um was es sich handelt. Wenn das Geistesleben wirklich frei ist, ergibt sich die ganze Konstitution des Geisteslebens aus der Natur der Sache selbst heraus; es wirken in diesem Geistesleben die Menschen, die drinnenstehen. Auf der anderen Seite haben wir den Wirtschaftsteil des dreigliedrigen sozialen Organismus. Da ergibt sich wiederum aus den Konsumtionsbedürfnissen und aus den Möglichkeiten der Produktion, aus den verschiedenen Verkettungen, aus den Beziehungen, die sich ergeben, aus alledem ergibt sich die Struktur des Wirtschaftslebens. Ich kann das natürlich in dieser Fragenbeantwortung nur kurz andeuten. Aber hinein spielen dann die verschiedenen Verhältnisse, die zwischen Mensch und Mensch oder zwischen Menschengruppen und einzelnen Menschen oder auch zwischen verschiedenen Menschengruppen spielen können. Das alles wird das Wirtschaftsleben bewegen. Und auf diesen beiden Gebieten kommt eigentlich das zunächst gar nicht in Frage, was man «Recht» nennt, insofern diese beiden Gebiete ihre Angelegenheiten selbst besorgen.

Wenn man real denkt - natürlich denken heute die Menschen nicht real, sondern theoretisch, aus dem schon Bestehenden heraus, daher konfundieren sie dasjenige, was das Geistesgebiet schon an Rechtsideen hat, mit den Rechtsideen des Wirtschaftsgebietes -, wenn man real, praktisch denkt, so kommen im freien Geistesleben gar nicht in Betracht Rechtsimpulse, sondern es kommen in Frage Vertrauensimpulse, es kommen in Frage Fähigkeitsimpulse. Es ist einfach ein Unding, im freien Geistesleben davon zu sprechen, daß derjenige, der was kann, ein Recht hat zu wirken. Es kann gar nicht in Frage kommen, von einem solchen Recht zu sprechen, sondern man muß davon sprechen, daß man ihn braucht, daß er wirken soll. Derjenige, der Kinder unterrichten kann, den wird man selbstverständlich unterrichten lassen, und es wird keine Frage sein, ob da eine Berechtigung vorliegt oder nicht; es ist nicht irgendwie eine Frage des Rechtes als solchem. Ebenso ist es im Wirtschaftsleben. Da werden entweder schriftliche oder mündliche Verträge eine Rolle spielen, und das Vertrauen in das Verträge-Einhalten wird eine Rolle spielen müssen. Daß die Verträge eingehalten werden, das wird sich, wenn das Wirtschaftsleben ganz auf sich selber gestellt ist, dadurch ergeben, daß das Wirtschaftsleben einfach nicht funktionieren kann, wenn Verträge nicht eingehalten werden.

Der Lehrer muss auf allen drei Gebieten aktiv sein

Quelle: GA 192 [24], S. 120-123, 2/1991, 18.05.1919

Wer heute ein wenig die Welt betrachtet mit einigen anthroposophischen Grundlagen, von denen hier so oft gesprochen worden ist, der weiß konkret zu denken über das, was da ist. Er schaut nach Westen, er schaut nach Osten, und er kann sich Aufgaben stellen aus der konkreten Beobachtung. Er schaut nach Westen, in jene angloamerikanische Welt hinein, in der große politische Impulse, die uns Mitteleuropäern schädlich geworden sind, die aber großzügig sind, seit vielen Jahrzehnten - vielleicht seit länger, ich kann sie nur seit Jahrzehnten verfolgen - gespielt haben. Ja, alle diejenigen großen Impulse, die im politischen Leben der neueren Zeit sind, sie sind von der anglo-amerikanischen Bevölkerung ausgegangen, denn die wußte immer mit den historischen Kräften zu rechnen. Als ich während des Krieges versuchte, einigen Leuten das beizubringen, und sagte: Wir können nur widerstehen den Kräften, die von dort ausgehen, mit ähnlichen, aus den historischen Impulsen herausgeholten Kräften, da lachten sie mich aus, weil man bei uns keinen Glauben hat an große historische Impulse.

Wer den Westen, insofern er anglo-amerikanisch ist, richtig zu studieren versteht, der findet dort eine Summe von menschheitlichen Instinkten, von Impulsen, die aus dem geschichtlichen Leben heraus kommen. Alle diese Impulse sind politisch-wirtschaftlicher Art. Es gibt elementare, bedeutsame Impulse innerhalb des Anglo-Amerikanertums, die alle politisch-wirtschaftliche Färbung haben, die alle politisch so denken, daß politisch über die Wirtschaft gedacht wird. Aber nun gibt es da eine Eigentümlichkeit; das ist die: Sie wissen, wenn wir reden über das Wirtschaftliche, so fordern wir, daß im Wirtschaftlichen in der Zukunft walte die Brüderlichkeit; die war gerade herausgetrieben aus dem westlichen imperialistischen, politisch-wirtschaftlichen Streben. Die Brüderlichkeit war da gerade weggeblieben, die war ausgeschaltet worden. Daher nahm das, was da lebte, den stark kapitalistischen Zug an.

Die Brüderlichkeit, die entwickelte sich im Osten. Wer den Osten nach seiner ganzen geistig-seelischen Art studiert, der weiß, daß da aus dem Menschen herausquillt wirklich der Sinn für die Brüderlichkeit. Und so war das Eigentümliche im Westen die Hochflut des wirtschaftlichen Lebens unter der Unbrüderlichkeit, daher zum Kapitalismus hintendierend. Im Osten die Brüderlichkeit ohne die Wirtschaft; beides wurde auseinandergehalten durch Mitteleuropa, durch uns. Wir haben die Aufgabe - und das ist dasjenige, was vor allen Dingen der Lehrer wissen müßte -, wir haben die Aufgabe, synthetisch zusammenzufassen die Brüderlichkeit des Ostens mit der Unbrüderlichkeit, aber wirtschaftlichen Denkweise des Westens. Dann sozialisieren wir im großen Weltensinn, wenn wir das zustande bringen.

Und wiederum schauen wir nach dem Osten mit einer richtigen Richtlinie. Da haben wir von alters her ein hohes Geistesleben. Daß es heute schon erstorben wäre, kann nur jemand behaupten, der

Rabindranath Tagore nicht versteht. Es lebt da der Mensch ein geistig-politisches Leben. Das ist im Osten. Wo ist sein Gegenpol? Der ist nun wiederum im Westen. Denn diesem geistig-politischen Leben des Ostens fehlt etwas: die Freiheit. Es ist eine Gebundenheit, die bis zur Selbstentäußerung des Menschen in Brahma oder Nirwana geht. Es ist das Widerspiel aller Freiheit. Freiheit hat sich dafür der Westen erobert. Wir sind dazwischen drinnen, wir müssen das synthetisch zusammenfassen. Solches können wir nur, wenn wir klar im Leben auseinanderhalten Freiheit und Brüderlichkeit, und das dazu haben, was die Gleichheit ist. Wir müssen unsere Aufgabe nicht nur verstehen so, daß sich für alle alles schickt. Denn es ist der Verderb alles Wirklichkeitsstrebens, wenn man abstrakt denkt. Diejenigen Menschen ruinieren alles wirklichkeitsgemäße Denken, die glauben, man könne über die ganze Erde hin ein einheitlich abstraktes Ideal aufstellen, oder für die Gegenwart eine solche gesellschaftliche Ordnung bestimmen, die ewig gültig wäre. Unsinn ist das nicht nur, sondern Versündigung wider die Wirklichkeit, denn jeder Raumteil und jeder Zeitteil hat seine eigene Aufgabe, die man erkennen muß. Dann aber muß man nicht zu faul sein, in die wirklich konkreten Menschenverhältnisse hineinzuweisen. Dann muß man seine Aufgabe dadurch erkennen, daß man die Tatsachen sinngemäß zu studieren versteht. Immer mehr weg von einem solchen sinngemäßen Studieren der Tatsachen hat uns die neuere Volkspädagogik gebracht. Sie will nichts wissen von einem solchen konkreten Eingehen auf Erscheinungen. Denn da fängt gerade die Region an, wo sich der Mensch heute unsicher fühlt. Die Menschen möchten heute definieren, statt zu charakterisieren. Sie möchten heute Tatsachengebilde in sich aufnehmen, statt diese Tatsachengebilde als bloße Symptome hinzunehmen für dasjenige, was sich in den tieferliegenden Impulsen ausdrückt.

Ich rede heute so, daß dasjenige, was ich rede, entnommen sein soll der Region, aus der heraus man heute pädagogisch sprechen müßte. Und diejenigen Menschen, die am besten eingehen können in Betrachtungen über eine solche Region, die sind heute die besten Erzieher und Unterrichter, nicht diejenigen, die man abfrägt, ob sie das oder jenes in diesem oder jenem Fach wissen; das können sie aus dem Handbuch nachlesen, oder sie können aus dem Konversationslexikon sich vorbereiten für die Stunde. Was sie als Menschen sind, das ist dasjenige, was für die zukünftigen Prüfungen in Betracht kommen müßte. Ein solches Geistesleben in pädagogischer Wendung, das macht es schon aus sich selbst notwendig, daß man nicht bloß präpariert wird in einer gewissen einseitigen Weise für das Kulturleben, sondern daß man in allen drei Zweigen des Menschenwesens auch wirklich, als Geisteswirker wirklich drinnen steht. Ich stehe nicht an, zu behaupten, daß derjenige, der nie mit der Hand gearbeitet hat, keine Wahrheit in der richtigen Weise sehen kann, daß er niemals richtig im Geistesleben drinnen steht. Das soll gerade erreicht werden, daß der Mensch hin und her geht in den drei Gebieten des dreigliedrigen sozialen Organismus; daß er reale Beziehungen anknüpft zu allen drei Gliedern desselben; daß er arbeitend, wirklich arbeitend ist in allen dreien. Die Möglichkeiten dazu, oh, sie werden sich ergeben. Aber der Sinn dafür, der muß in die Köpfe namentlich der künftigen Jugendbildner durchaus hinein.

Selbstverwaltung nur in dreigliedriger Gesellschaft möglich

Quelle: GA 300c [3], S. 13-14, 4/1975

Die obigen Darlegungen zeigen, daß alle pädagogische Kunst auf eine Seelenerkenntnis gebaut sein muß, die an die Persönlichkeit des Lehrers eng gebunden ist. Diese Persönlichkeit muß sich in ihrem pädagogischen Schaffen frei ausleben können. Das ist nur möglich, wenn die gesamte Verwaltung des Schulwesens autonom auf sich selbst gestellt ist. Wenn der ausübende Lehrer in bezug auf die Verwaltung nur wieder mit ausübenden Lehrern zu tun hat. Ein nicht ausübender Pädagoge ist in der Schulverwaltung ein Fremdkörper wie ein nicht künstlerisch Schaffender, dem obliegen würde, künstlerisch Schaffenden die Richtung vorzuzeichnen. Das Wesen der pädagogischen Kunst fordert, daß die Lehrerschaft sich teilt zwischen Erziehen und Unterrichten und der Verwaltung des Schulwesens. Dadurch wird in der Verwaltung voll walten der Gesamtgeist, der sich aus der geistigen Haltung aller einzelnen zu einer Unterrichts- und Erziehungsgemeinschaft vereinigten Lehrer gestaltet. Und es wird in dieser Gemeinschaft nur das Geltung haben, was aus der Seelenerkenntnis sich ergibt. Eine solche Gemeinschaft ist nur möglich in dem dreigliedrigen sozialen Organismus, der ein freies Geistesleben neben einem demokratisch orientierten Staats- und einem selbständigen Wirtschaftsleben hat. Ein Geistesleben, das seine Direktiven von der politischen Verwaltung oder von den Mächten des Wirtschaftslebens erhält, kann nicht eine Schule in seinem Schoße pflegen, deren Impulse von der Lehrerschaft selbst restlos ausgehen. Eine freie Schule wird aber Menschen in das Leben hineinstellen, die im Staate und in der Wirtschaft ihre volle Kraft entfalten können, weil diese in ihnen entwickelt wird.

Die eigene Einrichtung gliedern wollen ist „schrullenhaft“

Quelle: GA 190 [7], S.207-215, 3/1980, 14.04.1919

Sie haben bis jetzt eine Literatur gehabt, die sich auf die innere Entwickelung des Menschen und auf das Wissen über die geistige Welt bezieht, und die da sprach zu dem Menschen so, daß er die Welt, sein Verhältnis zur Welt, sein Verhältnis zu anderen Menschen, soweit es seelisch-geistig ist, von den verschiedensten Gesichtspunkten aus anfassen konnte. Jetzt erzeugt diese Geisteswissenschaft eine gewisse Strömung - natürlich nur mit einer Verzweigung, sie geht als große Geisteswissenschaft weiter, denn gerade die große Geisteswissenschaft ist das Allernotwendigste auch für die Gesundung aller anderen Verhältnisse -, die redet über die soziale Frage, über die Gesundung des sozialen Organismus. Da läuft die Geisteswissenschaft in eine Strömung hinein, die nun gar nicht unaktiv, die gar nicht bloß passiv genommen werden darf, sonst verfehlt sie ihr Ziel, ihren Zweck. Und jetzt wird sich zeigen, wie viele von uns durch die vielen vorangegangenen Jahre, wo sie Geisteswissenschaft in sich aufgenommen haben, sich reif gemacht haben vor allen Dingen für ein klares Erfassen desjenigen, was jetzt als soziale Frage zu verstehen ist, denn auf ein klares, vorurteilsloses, unsentimentalisches Erfassen desjenigen, was ausgesprochen werden soll namentlich durch mein kommendes Buch über die «Kernpunkte der sozialen Frage», auf das wird es ankommen. Das wird dasjenige sein, worüber wir jetzt eine gewisse Probe werden zu bestehen haben.

Man konnte bisher ein guter Geisteswissenschafter schon sein, wenn man Geisteswissenschaft studierte, ohne daß man sich kümmerte um dasjenige, was draußen im Leben vorging. Und wir haben ja gerade zwei Erscheinungen innerhalb unserer anthroposophischen Bewegung, über die wir eigentlich nachdenken sollten: Wir haben einerseits ganz gute Anthroposophen, welche aber, trotzdem sie ungeheuer viel wissen über die kosmische Entwickelung, über die Gliederung des Menschen, über Reinkarnation und Schicksal und Karma, von praktischen Gesichtspunkten des Lebens, von der Wirklichkeit des Lebens keine Ahnung haben, die gerade in der Anthroposophie etwas gesucht haben, um sich von dieser Wirklichkeit des Lebens fernzuhalten. Ja, diejenigen, die das, was ich jetzt sage, besonders betrifft, die ahnen nicht einmal, daß es sie betrifft. Denn eigentlich hält sich naiv jeder für einen Lebenspraktiker. Das also ist die eine Erscheinung, die wir unter uns haben.

Die andere Erscheinung ist die Sektiererei in irgendeiner Form. Es ist ja eine tiefe Neigung vorhanden, gerade in solchen Bewegungen, die sich auf das Geistige beziehen, Sektiererei zu treiben. Ob diese Sektiererei nun sich heraus entwickelt aus kleinen Cliquen, die auch mit dem Charakter der Sektiererei, wenn auch in sehr inferioren Dingen, auftreten, oder ob direkt Sektiererei getrieben wird, darauf kommt es nicht an. Denn dasjenige, worauf es ankommt, ist, wirklich einzusehen, daß durch diese hier gemeinte anthroposophisch orientierte geisteswissenschaftliche Bewegung Objektivität, Unpersönlichkeit gehen muß. Das war ja immer das Schwierige unserer Bewegung, daß das Persönliche, meistens ohne daß man es ahnte, verwechselt wurde mit dem Objektiv-Sachlichen. Die Leute sind in dem guten Glauben, wenn sie sich zu einer Clique zusammentun, die mehr oder weniger groß ist, daß sie ein ganz sachliches Interesse haben. Gewiß, sie sind in dem guten Glauben, denn sie merken gar nicht, daß sie eigentlich doch in der Hauptsache dasjenige treiben, was sie wollen, weil ihnen der gerade geisteswissenschaftlich nahesteht, der ihnen so oder so gegenübersteht, weil sie mit dem gerade das oder jenes Verhältnis haben wollen, und dergleichen. Das ahnen die Menschen nicht. Sie leben in dem guten Glauben, objektiv zu sein. Aber diese Sektiererei, dieses Cliquenwesen, das ist ja gerade dasjenige, was die schrecklichen Tatsachen gebracht hat, daß die Veröffentlichungen, die Kundgebungen der Geisteswissenschaft nach außen, auf welchem Gebiete sie sich auch geltend machen, nicht beurteilt werden nach dem, was sie durch sich selbst sind, sondern, nach dem, was eine Gesellschaft, die Anthroposophische

Gesellschaft aus ihnen macht und gemacht hat. [...]

Diese Dinge muß man doch nur wirklich einmal ernst nehmen können. Heute ist es gerade notwendig; denn wenn dasjenige, was nun gerade in die Welt kommen soll durch die Bestrebungen mit Bezug auf die soziale Frage, wenn das etwa auch getragen werden sollte von sektiererischem oder Cliquengeiste oder den verschiedenen Engherzigkeiten, die ich heute charakterisiert habe, dann würde gerade dieser Sache ganz furchtbar geschadet werden. Hier müssen wir wirklich zu einer größeren Denkweise uns entwickeln. Hier müssen wir wirklich den Eingang suchen in das real praktische Leben. Darauf kommt es an.

Nehmen Sie, wenn ich über diese Dinge etwas sage, es wirklich nur in freundschaftlichstem Sinne. Nehmen Sie es nicht so, als ob ich irgendwie nach der einen oder nach der anderen Seite hin etwas Abträgliches sagen möchte. Aber ich bin einmal genötigt zu warnen, gründlich zu warnen gerade vor der sozialen Seite unserer Sache, ich meine, bevor diese soziale Seite unserer Sache Angelegenheit aller Mitglieder wird, die es werden soll, wirklich werden soll, gerade vorher dringend zu warnen: das Sektiererische, das Kleinliche, dasjenige, was keine großen Horizonte hat, nicht aus klarem Denken entspringt, nur ja nicht in dieses soziale Denken hineinzumischen, nur ja nicht, sondern da immer mehr zu versuchen, aus der Lebenserfahrung und aus der Lebenswirklichkeit heraus zu denken. Ich war ja hoch erstaunt, als vor kurzem einmal so an meine Ohren heranklang die Devise, die von der einen oder anderen Seite doch hier wohl ausgegangen sein muß, man solle die Dinge, die ich jetzt als soziale Ideen vortrage, praktisch ins Leben einführen. Und gemeint war die Überführung dieser praktischen Ideen in das Allerunpraktischste, was es nur geben kann. Wir dürfen wirklich nicht das tun, was gerade in die furchtbarsten Wirrnisse und Schäden der Zeit hineingeführt hat: verwechseln wahre Lebenspraxis mit illusorischer Lebenspraxis. Dasjenige, was da geäußert worden ist, ist so unpraktisch, ist so sektiererisch gedacht, hat so sehr nicht den Willen, wirklich ins praktische Leben einzutreten, daß ich gar nicht weiter darauf eingehen will. Ich bitte Sie, vor allen Dingen auf das zu sehen, was heute im wirklichen Leben vorgeht, kennenzulernen, woraus eigentlich die verschiedenen Sätze entspringen, die ich sage. Glauben Sie denn, das sei eine leichtherzige Theorie, wenn man über die Arbeitskraft mit dem Charakter der Ware redet? Das ist etwas, was nur gesagt werden darf, wenn man es immer wiederum als das Charakteristischste im wirklichen Leben erkannt hat. Und so die anderen Sachen. Klares, scharfes Verstehen der Lebenswirklichkeit ist es, worauf es heute ankommt. Also wirklich sine ira, mit der Bitte, ja nicht diese Dinge persönlich zu nehmen, möchte ich zum Beispiel folgendes sagen. Ich bin gefragt worden, ob denn nicht innerhalb unserer Gesellschaft die Dreigliederung verwirklicht werden könnte: Wirtschaftsleben, Rechtsleben, geistiges Leben.

Man kann gewiß so etwas mit Worten aussprechen, wenn man sehr gut drinnensteht in unserer Bewegung, wenn man es ganz ehrlich und tief meint mit unserer Bewegung. Aber es ist doch so, als ob man den Grundnerv unserer Bewegung gar nicht erfaßt hätte, wenn man dieses sagt. Man hat gar nichts verstanden von dem, was ich über die soziale Frage gesprochen habe, wenn man denkt, unsere Gesellschaft hier könne man wie eine Sekte dreigliedern! Welches sind denn die drei Zweige des gesunden sozialen Organismus? Zunächst das Wirtschaftsleben.

Ja, meine lieben Freunde, wollen Sie denn das Allerschlimmste machen, wirtschaftliche Sektiererei treiben, indem Sie in dieser Gesellschaft eine gemeinschaftliche Wirtschaft führen innerhalb der anderen Wirtschaft draußen? Wollen Sie denn gar nicht verstehen, daß man sich heute nicht in egoistischer, wenn auch gruppenegoistischer Weise abschließen kann und das andere alles unberücksichtigt lassen! Sie wirtschaften doch mit der anderen Wirtschaft des hiesigen Territoriums. Sie beziehen doch Ihre Milch, Käse, Gemüse, dasjenige, was Sie brauchen, von einem Wirtschaftskörper, von dem Sie sich doch nicht isolieren können! Sie können doch wahrhaftig die Zeit nicht reformieren dadurch, daß Sie sich aus dieser Zeit herauslösen. Mir kommt es vor, wenn jemand eine solche Gesellschaft wie diese, zu einem Wirtschaftskörper machen will, geradeso wie wenn einer eine große Familie hat und sagt: Ich beginne jetzt in meiner Familie die Dreigliederung.

Diese Ideen sind zu ernst, zu umfassend, sie dürfen nicht in das Kleinlich-Bourgeoise der verschiedenen Sektierereien, die es immer gegeben hat, hineingezerrt werden. Sie müssen im Zusammenhang mit der ganzen Menschheit gedacht werden. Das mit Bezug auf das Wirtschaftsleben. Sie würden sich ja ganz abschließen vom wirklichen praktischen Denken mit Bezug auf den Wirtschaftskreislauf der Welt, wenn Sie eine gruppenegoistische Wirtschaft für eine Sekte einrichten wollen.

Und das Rechtsleben: Gründen Sie einmal innerhalb unserer Gesellschaft den Rechtsstaat! Wenn Sie etwas stehlen, wird es ganz und gar bedeutungslos sein, wenn hier drei Leute zusammentreten und urteilen über dieses Stehlen. Es wird das äußere Gericht Sie schon in Anspruch nehmen und urteilen. In bezug auf den Rechtsstaat werden Sie sich aus der äußeren Organisation wahrhaftig nicht herausziehen können.

Und nun, meine lieben Freunde, in bezug auf das Geistesleben: Seit es eine Anthroposophische Gesellschaft gibt, beziehungsweise seit sie mit ihrem anthroposophischen Inhalt zur Theosophischen

Gesellschaft gehört hat, wo war irgend etwas, was hier innerhalb dieser geistigen Gemeinschaft getrieben wird, im geringsten Grade abhängig von irgendeiner staatlichen oder politischen Organisation? Vom ersten Tage dieser Gesellschaft an war mit Bezug auf das Geistesleben, das vor allen Dingen unsere Aufgabe ist, unser Ideal erfüllt! Verstehen Sie nicht, daß von Anfang an dieses Ideal erfüllt ist mit Bezug auf dasjenige, was wir gerade sind? Glauben Sie, daß das heute erst gemacht werden sollte mit dieser Anthroposophischen Gesellschaft? Hat diese Anthroposophische Gesellschaft in irgendeinem Staate je eine Staatssubvention gehabt? Sind ihre Lehrer von einem Staate angestellt? Ist nicht alles erfüllt gerade in dieser Anthroposophischen Gesellschaft, was nur zu erlangen ist von den äußeren Geistesorganisationen? Ist sie nicht in bezug darauf geradezu das praktischste Ideal? Wollen Sie jetzt kommen und diese Anthroposophische Gesellschaft nach dieser Richtung hin noch reformieren? Sie müssen ja gar nicht begriffen haben, in welcher Gesellschaft Sie seit so und so viel Jahren sind, wenn Sie jetzt erst das geistige Drittel hier in dieser Gesellschaft realisieren wollen.

Betrachten Sie also gerade das, was wir sein konnten, was man noch retten konnte an einem Zipfel, die Freiheit des geistigen Forschens und Lehrens wenigstens bei Menschen, die für das, was sie hier lernten, keine Staatsanstellungen verlangen, betrachten Sie das doch wenigstens als eine Art von Ausgangspunkt für das andere. Sehen Sie doch, was wirklich ist, und denken Sie nicht daran vorbei. In meinem Buche «Die Kernpunkte der sozialen Frage» wird als ein Erbübel der gegenwartigen Zeit immer wieder angeführt, daß eben die sogenannten Lebenspraktiker von heute vorbeidenken und vorbeisprechen an demjenigen, worauf es ankommt. Soll bei uns dieses Übel grassieren, daß vorbeigesprochen wird an demjenigen, worauf es ankommt? Nicht das kann unsere Aufgabe sein, hier das freie Geistesleben hereinzutragen, sondern das kann die Aufgabe sein, daß Sie dasjenige, was hier als freies Geistesleben immer existiert hat, daß Sie das in die andere Welt hinaustragen, den Menschen klarmachen, daß alles Geistesleben von dieser Art sein muß, von dieser Art von Verfassung sein muß.

Worauf es ankommt, das ist, wenigstens zunächst die nächste Wirklichkeit zu sehen. In dieser Richtung muß zunächst von den Anthroposophen verstanden werden, was von mir über die soziale Frage vorgebracht wird. Man soll wenigstens innerhalb der Anthroposophischen Gesellschaft vermeiden, schrullenhafte Ideen zu verbreiten unter der Devise, das praktisch machen zu wollen, was hier vertreten wird. Nehmen Sie ernst, was wie ein Grundzug durch die Vorträge der letzten Wochen, ja vielleicht der letzten Monate durchgegangen ist, nehmen Sie vor allem ganz und gar ernst, daß die Gegenwart eine Neueinstellung der Menschen mit Bezug auf das Leben notwendig macht, daß es nicht getan ist damit, daß wir nur neue Gedanken aufnehmen, sondern daß wir die Möglichkeit finden, uns in einer neuen Weise dem Leben gegenüber einzustellen, daß wir alles vermeiden, was nach Isolierung und Abschluß hindrängt. Nehmen Sie vor allen Dingen ernst, daß die Menschheit mit ihrer sogenannten Kultur auf allen drei Gebieten in eine wirkliche Sackgasse hineingeraten ist [...]

Wenn heute einer davon spricht, es solle das Wirtschaftsleben in der Anthroposophischen Gesellschaft eingeführt werden, so würde ich mir höchstens unter diesem Satze etwas Reales vorstellen können, wenn einer eine Kuh kaufte, und sie pflegte und sie melken würde, und dadurch etwas produzieren würde und dieses Produzierte in der richtigen Weise verwalten würde; dann wäre das keine Sektiererei innerhalb unserer Gesellschaft, denn im Wirtschaftsleben handelt es sich vor allen Dingen um diejenigen Maßnahmen, die die Produktivität erhöhen, die den notwendigen Bedürfnissen Rechnung tragen [...] Mit Bezug auf diese äußeren Dinge, die dem Produzieren zugrunde liegen, und mit Bezug auf manches andere, werden Sie nicht weit kommen, wenn Sie die Ideen, die in meinem Buche über die soziale Frage stehen, nicht im großen Stile auffassen. Denn schließlich, zur Reform des wirtschaftlichen Lebens gehört wirtschaftliche Praxis; sogar Kühe melken muß man verstehen, und es ist wichtiger, Kühe melken zu können, als in einer kleinen Sekte irgendeine Wirtschaft einzurichten und die Milch natürlich doch von außen zu beziehen [...] Sie können nicht von heute auf morgen gleich Einrichtungen treffen mit den neuen Ideen, Sie können aber diese Ideen, die in meinem Buche stehen, weil sie praktisch sind, bis zu den extremsten Spezialitäten herunter differenzieren. Sie können meinetwillen eine Meierei einrichten in dem Sinne, wie es in diesem Buche gemeint ist, aber wenn Sie nicht eine einzige Meierei bloß einrichten, wo Sie selbst Ihre Kühe melken drinnen, was ja nicht viel soziale Wirkung haben wird, die eine, einzige Meierei, wenn die anderen alle in dem alten Stile sind, wenn Sie nicht eine einzige einrichten, sondern wenn Sie verschiedene einrichten, so brauchen Sie ja doch Leute dazu. In deren Köpfen sind aber die alten Ideen. Diese Einrichtungen werden bald entweder verkrachen oder die alten Formen annehmen, und alles ist beim alten. Daraus sehen Sie, was heute das Wichtigste ist.

Das Positive an die Stelle des alten Systems setzen

Quelle: GA 337b [29], S. 260-261, 1/1999, 08.04.1921

Und Sie werden sehen, wenn Sie wirklich die «Kernpunkte» durchgehen, daß da weniger Wert auf das negative Moment - Befreiung des

Geisteslebens vom Staate -, daß viel weniger darauf Wert gelegt wird als auf die Begründung eines freien Geisteslebens überhaupt. Und da wird es immer ein gutes Wort bleiben: daß es auf den Menschen ankommt, daß es wirklich darauf ankommt, aus welchen geistigen Grundlagen der Mensch hervorgeht, welche geistigen Grundlagen zu seiner Bildung geschaffen werden. Nicht so sehr handelt es sich darum, daß man das negative Moment betont, sondern das Positive ist zu betonen. Und ich brauche ja nur das zu sagen: Wenn sagen wir, formal das Geistesleben befreit würde von dem staatlichen Zwange, und alles bliebe sonst im übrigen beim alten, so würde die Befreiung vom Staate nicht sonderlich viel nutzen können.

Besondere Verhältnisse in der Schweiz

Quelle: GA 260 [26], S.165-166, 5/1994, 28.12.1923

Ich habe zu dem, was ich mir erlaubte im Anschlusse an den letzten Kursus zu sagen, den ich vor Schweizer Lehrern halten durfte, vielleicht nur noch einiges über die Schwierigkeiten der schweizerischen Schulbewegung hinzuzufügen. Mir scheint, daß doch etwas davon abhängt, wie eben die pädagogische Bewegung, die mit der Anthroposophie zusammenhängt, hier in der Schweiz getrieben wird.

Die Waldorfschule ist ja innerhalb Deutschlands im wesentlichen doch isoliert geblieben. Gewiß, es bestehen einzelne andere Schulgründungen, in Hamburg, Köln und so weiter, aber die Waldorfschule ist innerhalb Deutschlands, also innerhalb eines ziemlich großen Gebietes, zunächst als eine Schule doch vereinzelt geblieben. Es wird sich darum handeln, zu sehen, ob auch dasjenige, was als eine Art Waldorfschule in England errichtet werden soll, was in Holland schon mit drei Klassen eröffnet ist, auch als Vereinzeltes zunächst stehen bleibt.

Nun wirklich, ganz abgesehen von allem übrigen, muß man sagen: An der Sachlage, daß diese Schulen entweder schon gezeigt haben, daß sie vereinzelt dastehen bleiben, oder aber, daß man nach den gegebenen Tatsachen vermuten muß, es werde noch lange so sein, an alledem trägt ja hauptsächlich die Schuld, daß es einfach aus den gegenwärtigen sozialen Verhältnissen heraus wirklich unmöglich ist, jene Anschauung zu gewinnen, die eine große Anzahl von solchen Schulen finanzieren würde. Es haben das die Erfahrungen der Jahre doch ganz deutlich gezeigt. Und das fordert uns wenigstens auf, über den ganzen Kurs, der mit unserer pädagogischen Bewegung einzuhalten ist, nachzudenken.

Das ist ja insbesondere für die Schweiz notwendig. Denn in der Schweiz herrscht wirklich am stärksten dasjenige, was man nennen kann: Staatsbewußtsein. Und ich glaube doch, daß sich, seit nun der schweizerische Schulverein für freies Erziehungs- und Unterrichtswesen besteht, die hauptsächlichsten Schwierigkeiten doch ergeben werden aus dem schweizerischen Staatsbewußtsein heraus. Am wenigsten scheint es mir hier in der Schweiz möglich zu sein, dem Glauben Eingang zu verschaffen, daß eine wirklich freie Schule einmal eine Art von Musterpädagogik hinstellen kann, oder daß gar in einem größeren Maßstabe solche Schulen gegründet werden. Man darf sich in solchen Dingen keinen Illusionen hingeben. Die Aversion gegen ein freies Schulwesen ist hier eine sehr große. Aber dabei bleibt natürlich das richtig, was Herr Gnädinger eben gesagt hat: daß man hinschauen wird, wie es an einer Musterschule geht.

Sie können am wenigsten hier in der Schweiz verlangen, daß der Präsident des schweizerischen Schulvereins, von dem Sie ja gesprochen haben, nicht wahr, in einem anderen Sinne denn als Musterschule ein Interesse dafür hat. Er hat dann doch das Interesse dahingehend, die schweizerische Staatsschule vielleicht in methodischer Beziehung durch dasjenige, was an einer solchen Musterschule gewonnen werden kann, zu beinflusssen. Das scheint mir aber auch das einzige zu sein, worauf man als auf ein Interesse hier in der Schweiz rechnen kann. Und deshalb scheint es mir wichtig, daß man in einer ganz deutlichen Weise diese zwei Dinge da aufnimmt, wo man solche Vereinigungen gründet, wie Sie sie erwähnt haben; und die viel gegründet werden sollten, immer mehr und mehr!

Eine zweite Bedingung ist, daß die anthroposophische Pädagogik hinausgelaufen ist auf die Methodisierung des Unterrichtes. Es handelt sich um eine Methoden-Schule, es handelt sich nicht um irgendeine politische Richtung, sondern um eine rein sachliche Methoden-Schule. Es handelt sich auch nicht um ein religiöses Bekenntnis, nicht um Anthroposophie etwa als Rellgionsbekenntnis, sondern es handelt sich um eine Methoden-Schule.

Ich habe ja schon damals, als die Diskussion angeknüpft wurde an meinen Vortragszyklus, die Fragen, die aufgeworfen wurden nach dieser Richtung, dahingehend beantwortet, daß ich sagte: Die pädagogische Methodik, die hier vertreten wird, kann eigentlich überall, wo man den guten Willen dazu hat, eingeführt werden. Wenn man auf der einen Seite das tut und auf der anderen Seite wiederum scharf betont, daß, um in weiteren Kreisen die Einsicht zu verschaffen, dies die richtige Methode und eine Musterschule ist, wenn man diese zwei Programmpunkte in den Vordergrund stellt, also Betonung, daß jede Schule die Methodik haben kann, daß man aber an einer Musterschule sehen soll die Fruchtbarkeit der Methodik und dann wirklich die Dinge reinlich herausarbeitet, dann glaube ich, könnte man in der Schweiz doch auch etwas erreichen.

Und dann müßten auf Grundlage dieser zwei Gesichtspunkte überall pädagogische Vereinigungen gegründet werden können. Aber jeder müßte wissen, daß da nicht die Absicht besteht - was man hier in der Schweiz als eine Schrulle ansehen würde -, möglichst viele Privatschulen zu gründen, um den Staatsschulen Konkurrenz zu machen; das würde man nie in der Schweiz verstehen. Dagegen wird man verstehen das Hinstellen einer Musterschule, die für jede Schule sozusagen den Quellpunkt abgeben kann für eine methodische Schule. Auf andere Weise kommt man nicht vorwärts. Und es ist wichtig, daß man eine solche prinzipielle Sache immer wiederum vor die Menschen hinstellt, und überall, wo man Gelegenheit hat, sie hinstellt.

Ich glaube, es wäre gut, wenn Sie diese zwei Gesichtspunkte immer in den Vordergrund stellen. Sie entsprechen ja durchaus der Wahrheit, und es hat uns viel geschadet, daß immer wieder und wieder betont wurde: Waldorfschulpädagogik kann nur in abgesonderten Schulen erreicht werden -, während ich immer wieder gesagt habe, das Methodische kann in jede Schule hineingebracht werden.

Das ist dasjenige, was ich zu sagen habe, denn es ist damit alles übrige in Verknüpfung. Ich glaube, daß man auch eine finanzielle Grundlage erst dann gewinnen wird, wenn eben ein Verständnis für diese Dinge vorhanden sein kann. Für freie Schulen wird in der Schweiz nicht sehr viel Verständnis sein, wenn man sie nicht in Verbindung mit dem vertritt, was ich gesagt habe. Dann glaube ich aber auch, daß wirklich die Bemühungen einen größeren Erfolg haben könnten als jetzt. Bis jetzt ist ja auf Grundlage der Finanzsituation, die da vorliegt, die Möglichkeit, eine Schule in Basel zu schaffen, nicht vorhanden.

Waldorfschule muss nicht eine freie Schule sein

Quelle: GA 260a [17], S. 461-462, 2/1987, 16.03.1924

Die heutige Versammlung haben wir ja eigentlich deshalb hierher gebeten, weil uns von unseren Berner Freunden die Bedenken mitgeteilt worden sind, die in der Schweiz bestehen könnten gegen den Namen des Schulvereins, wie er jetzt ihn trägt. Der Schulverein heißt ja: Schulverein für freies Erziehungs- und Unterrichtswesen in der Schweiz. Nun ist die Sache so - und ich kann durchaus diese Bedenken einsehen und teilen -, daß ja niemand in der Schweiz das Bewußtsein hat, daß das Schulwesen als solches unter irgendeiner Unfreiheit leide, und daß man Anstoß nimmt an dieser Bezeichnung. Wir sollten daher dem Schulverein einen Namen geben, der möglichst unverfänglich ist, an dem möglichst in der schweizerischen Außenwelt kein Anstoß genommen wird. In der Schweiz ist man ja frei, und in die Schweiz Freiheit hineinzutragen, denken die Leute in der Schweiz, das hieße Eulen nach Athen tragen. Das geht eben nicht. Daher ist es eine Beleidigung, zu sagen: Schulverein für freies Erziehungs- und Unterrichtswesen. Auf der andern Seite ist es natürlich schwer, einen Namen zu finden. Aber vielleicht äußern Sie sich zu der Sache.

Es äußern sich Dr. Blümel, Dr. Lagutt, Herr Geering-Christ.

Dr. Steiner: Ich glaube, da würden wir die Berner mißverstehen, wenn wir es so auffassen. Der Tenor der Sache liegt nicht darinnen, sondern darinnen, daß man in der Schweiz weniger als anderswo geneigt ist, sich direkt gegen die Staatsschule als solche zu stellen. Es ist in all den Ländern, in denen bisher von unserem Waldorfschul-Prinzip geredet worden ist, eine größere Geneigtheit vorhanden, sich einzustellen auf vom Staate unabhängige Schulen als hier in der

Schweiz, wo man eigentlich die Meinung hat, ganz abgesehen jetzt vom Methodischen und so weiter: die Tatsache, daß die Schulen Staatsschulen sind, ist das Allerbeste. Wir werden uns, glaube ich, wenn auch nicht gerade zu Feinden, aber uns zu bedenklich anzusehenden Leuten für diejenigen machen, die uns sonst hier in der Schweiz in bezug auf das Allgemeine unserer Sache entgegenkommen, wenn wir irgendwie das zum Ausdruck bringen, daß wir eigentlich gegen die Staatsschule wären. Es handelt sich dabei darum, daß man die Frage, die hier einmal in einer Versammlung des Schulvereins an mich gestellt worden ist, klar herausarbeitet.

Ich sagte dazumal: Das, was eigentlich das Waldorfschul-Prinzip will, kann in jeder Schule durchgeführt werden, denn es ist ein methodisches Prinzip. Es ist ein Prinzip der Art und Weise des Unterrichtes. Und wenn nun, wie das zum Beispiel in den verschiedenen Staaten Deutschlands der Fall ist, bei einer großen Anzahl von Leuten die Ansicht besteht, daß man sie in den Staatsschulen nicht durchführen kann, dann nimmt man keinen Anstoß daran, wenn schon im Namen das zum Ausdrucke kommt. Aber hier wird man daran Anstoß nehmen. Und so habe ich die Berner verstanden, daß man gerade daran Anstoß nehmen wird, wenn man sich darauf verlegt: wir wollen vom Staate unabhängige Schulen haben. Deshalb sagte ich dazumal, da wir ja ohnedies in der nächsten Zeit keine Aussicht haben, im großen Maßstabe freie Schulen zu gründen, wir müssen das, was ja wirklich tief wahr ist, hier besonders tief betonen, daß unsere Methodik auch in der Staatsschule durchgeführt werden kann, da sie ja ein Geistiges ist, das im Hintergrunde steht und das überall durchgeführt werden kann, und daß wir zunächst eine, zwei, drei, so viel wir machen können, Musterschulen haben müssen, um zu zeigen, wie man das machen kann, schon mit Rücksicht auf die Frage, die dazumal auftauchte.

Deshalb wird es gut sein, wenn wir diese Bedenken - und ich glaube, sie sind nicht bloß in Bern, sie sind fast überall vorhanden - wegräumen wollen, daß wir es schon im Namen zum Ausdrucke bringen: wir wollen nicht die ganze Schweiz mit «freien» Schulen überschwemmen. Das nehmen uns nicht nur die Katholiken krumm, sondern jeder demokratische Schweizer nimmt es krumm, weil er sich das nicht sagen lassen will, daß Staatsschulen unfrei seien.

Waldorfpädagogik kennt keine Kompromisse

Quelle: GA 300a [1], S. 165-167, 4/1975, 24.07.1920

Wir müssen selbstverständlich die Waldorfschule behüten vor jedem Scheinwesen. Wir müssen uns klar sein darüber, daß wir gewissermaßen immer zurückhaltender und zurückhaltender sein müssen gegenüber all denjenigen Leuten, die, nachdem sie gehört haben, die Waldorfschule ist begründet worden, es nun als nächste Aufgabe betrachten, ihr Welt-Herumlungern darauf auszudehnen, daß sie auch in die Waldorfschule hineinriechen, um hier zu hospitieren, um hier einiges mitzunehmen, um etwas Ähnliches da oder dort einfließen zu lassen. Wir müssen uns klar sein darüber, daß es sich nicht darum handelt, das zu fördern, daß möglichst viel Welt-Herumlungerer hier hospitieren, sondern daß es darauf ankommt, daß der anthroposophische Geist klar da sein muß, aus dem heraus die Nachfolgeschaft der Waldorfschule entstehen soll.

Zu mir kam vor einigen Monaten eine Persönlichkeit, die auch in Frankreich etwas Ähnliches begründen will wie eine Waldorfschule, und fragte, ob ich nicht Ratschläge dazu geben könne, ob sie nicht hier in der Waldorfschule hospitieren könne. Ich habe ihr gesagt, anerkannt, als im Geiste der Waldorfschule gehalten, würde dasjenige, was sie in Frankreich, in Paris, begründen will, von mir nur dann, wenn es ganz genau ebenso eingerichtet würde, wie die Waldorfschule eingerichtet ist. Es müßten sich sodann die französischen Freunde zunächst bereit erklären, mich dorthin zu rufen, um einen Kurs abzuhalten, nicht wahr, und ausdrücklich erklären, daß die Schule aus demselben Geist hervorgegangen ist. Sonst würde ich es strikt ablehnen, daß so etwas wie eine Nachfolgerschaft vorliegt. Glauben Sie nicht, daß solche Antworten nur eigensinnige Dinge sind. Sie müssen sich klar sein darüber, wir kommen nicht weiter, wenn wir uns nicht auf den Standpunkt des bestimmt Anthroposophischen stellen, wenn wir uns nicht freihalten von jeder irgendwie gearteten Kompromißlerei. Stellen wir uns auf einen scharfbegrenzten Standpunkt, dann ist es nicht ausgeschlossen, daß wir selbst in Paris eine Waldorfschule begründen können. Es kommt nur darauf an, daß wir uns nicht bewegen lassen, irgendwie Kompromisse zu schließen. Heute ist es so, daß man am weitesten kommt, wenn man sich fest auf einen bestimmten Standpunkt stellt. Nach außen mag man konziliant sein, aber innerlich, wenn es sich um Prinzipielles handelt, da kommt es darauf an, daß man ganz fest auf seinen Standpunkt sich stellt. Dazu ist es notwendig, die Kraft zu haben, die Dinge wirklich radikal zu durchschauen und keine Neigung zu irgendwelchem Kompromiß zu haben. Sie wissen ja, wenigstens im Sinne und Geist der Führung nach haben wir uns bemüht, während des ersten Jahres solche feste Standpunkte anzustreben. Ich hoffe, daß sie immer mehr zum Ausdruck kommen werden. Sie selbst als Lehrer der Waldorfschule werden sich immer mehr in die Durchschlagskraft des Geistes hineinfinden und die Möglichkeit finden, alle Kompromisse beiseite zu lassen. Wir können nicht darum herum kommen, daß allerlei Leute von außen in die Angelegenheiten der Schule hineinreden. Wenn wir nur selbst in unserem Gemüte nichts von der notwendigen Anschauung, die wir haben müssen, aufgeben, daß im Grunde genommen jede Zustimmung, die von irgendwelcher pädagogischen Seite von heute kommt, zu dem, was in der Waldorfschule geschieht, uns eher traurig stimmen könnte als heiter. Wenn solche Leute, die im heutigen pädagogischen Leben drinnenstehen, uns loben, da müssen wir denken, da muß etwas bei uns nicht stimmen. Wir brauchen nicht jeden gleich hinauszuwerfen, der uns lobt, aber wir müssen uns klar sein, daß wir sorgfältig untersuchen, was wir nicht richtig machen, wenn wir gelobt werden von denjenigen, die im heutigen Erziehungswesen drinnenstehen. Das muß unsere gründliche Überzeugung werden.

Enttäuscht von den Anthroposophen

Quelle: GA 298 [8], S. 156-161, 2/1980, 20.06.1922

Anmerkung: Es wird verschiedentlich angemerkt, Rudolf Steiner habe „zeitweise“ einen Weltschulverein „favorisiert“, sei aber davon abgekommen, als dieser Weltschulverein scheiterte. Wenn das stimmt, dann ist Rudolf Steiner im selben Augenblick auch von der Waldorfschule abgekommen, wie das folgende Zitat belegt. Die Waldorfschule war für ihn offenbar nur denkbar innerhalb einer internationalen Bewegung für eine Befreiung sämtlichen Schul- und Bildungswesens. Hinsichtlich seiner Form war der Verein freilich nur Mittel zum Zweck. Den Zweck jedoch verlor Steiner zu keinem Zeitpunkt aus den Augen.

Schließlich hängt die Waldorfschul-Bewegung mit der Dreigliederungsbewegung zusammen. Die Waldorfschul-Bewegung ist nur denkbar in einem freien Geistesleben. Dasjenige, was wir zuerst gefunden haben an einem Gedankeninteresse, ist nicht übergegangen in ein Willensinteresse. Als dann versucht worden ist das einzige Mittel, über Mitteleuropa hinauszugehen, die Begründung des Weltschulvereins in die Tat umzusetzen, da scheiterte die Begründung des Weltschulvereins, der die ganze zivilisierte Welt umfassen sollte. Der Versuch, dasjenige, was unter den Leuten ist an Glauben, daß das Erziehungswesen ein anderes sein müßte, aufzurütteln, dasjenige, was da angestrebt worden ist als Weltschulverein, hat kläglich Fiasko gemacht. Man fühlt sich so entsetzlich zurückgestoßen, wenn man an den Willen appelliert. Ich sage nicht, ich appelliere ans Geld in diesem Falle jetzt. An Geld fehlt es uns, aber viel mehr fehlt es uns an dem Willen. Es ist das Interesse kein gründlich tiefgehendes, sonst würde sich das Interesse auf die richtigen Gebiete erstrecken. [...]

Ich fühlte mich in der Anthroposophischen Gesellschaft, später auch in anderen Gesellschaften so, daß ich mir dachte: Haben denn die Leute keine Ohren? - Es scheint, als ob man dasjenige nicht hören konnte, was von dem Wort in die Tat gehen sollte. Es war etwas, was zur Verzweiflung führen konnte, was am Fiasko des Weltschulvereins zu erleben war.

Die Zahlen des Schuletats sprechen für sich; aber dasjenige, was weit über das Zahlensprechen hinausgeht, das ist das, was betont werden müßte: das ungeheure Leid, das man heute empfindet, wenn man an die Interesselosigkeit stößt, die in weitesten Kreisen vorhanden ist. Da müssen wir uns sagen: Gewiß, das Interesse ist in diesen Kreisen vorhanden für so etwas wie die Waldorfschule, aber es muß auch das Interesse für die Grundlagen, die der Waldorfschule gegeben worden sind, das muß in viel intensiverer Weise sich ausbreiten, als das sich irgendwie heute zeigt. [...]

Es muß das Schulwesen sich in freier Weise entwickeln, wie es seit dem Jahre 1919 betont worden ist. Das kann natürlich nicht anders sich verwirklichen, als wenn wir zu den Mitgliedern unserer verschiedenen Vereine, die ganz einverstanden sind, daß so etwas da ist, daß man dasjenige, was sie bieten wollen, empfängt, daß sich zu ihnen hin immer mehr finden, welche tätig mittuende Mitglieder werden. Zuerst muß der Wille entstehen!

Ich möchte sagen, meine Rechnung geht so: Wenn die Zahlen sprechen, so können wir sagen, wir haben kein Geld. Dann wird wiederum durch Geldsammeln mit Ach und Krach ein Loch ausgefüllt. Aber auch in der Methode kommen wir nicht weiter. Wir kommen nur mit der Methode vorwärts, die in Aussicht genommen war, wie vom Weltschulverein gesprochen worden ist. Wir müssen einen tatkräftigen Glauben haben, daß dasjenige, was getan wird, wirklich ein Bestandteil der öffentlichen Meinung wird. Wir brauchen, um die Waldorfschule zu halten, und um Schulen weiter zu begründen, wir brauchen eine öffentliche Meinung, die immer größer wird, die dahin geht, daß es im Sinne des alten Schulwesens nur zu Niedergangskräften in der Menschheit führt. Das brauchen wir. Wenn wir uns dazu durchringen können, nicht bloß immer da und dort so eine Schnakerischule zu begründen, um eine Art pädagogischer Kurpfuscherei durchzuführen, wenn wir uns dazu entschließen, unsere Erziehungsgrundsätze in die Offentlichkeit hineinzutragen, so daß sie innere Überzeugung von Eltern und Nichteltern werden, nur dann kommen wir vorwärts!

Jetzt verzeihen Sie, wenn ich gewissermaßen wirklich nicht vermeide, zu sagen: Ich weiß, daß viele das, was ich jetzt gesagt habe, als richtig anerkennen werden, es ganz richtig finden werden, aber man erkennt es erst als richtig an, wenn man etwas tut! Wenn man etwas tut! Deshalb müßte vor allem darauf gesehen werden, daß wir nicht nur aus dem Kreis der Mittel heraus, die wir schon haben, aus unseren Zweigen heraus und den schon geleerten Börsen Schulen begründen, so gut es geht; wir müssen uns bemühen, für die Ideen zu wirken, so daß die Ideen in eine immer größere Anzahl von Menschen hineinkommen.

In dieser Beziehung haben wir die gegenteilige Erfahrung gemacht. Die gegenwärtige Nummer der Dreigliederungszeitung kündet an, daß sie in Zukunft eine Zeitschrift sein wird für die Anthroposophie. Warum? Weil die vielversprechenden Anfänge in der Erkenntnis der Dreigliederung im Sande verlaufen sind. Weil wir im Grunde genommen zurückkehren müssen zu dem, was wir damals schon im Duktus hatten vor der Dreigliederungsbewegung. Trotzdem über Dreigliederung viel gesprochen wird, ist es wiederum so, daß man in Verzweiflung gerät, wenn man mit den Menschen redet. Daß das etwas werden soll, was öffentliche Meinung werden sollte, das brauchen wir vor allen Dingen, wenn wir mit der Waldorfschule vorwärtskommen wollen. Ich muß sagen, ich spreche das seit längerer Zeit aus. Aber alles findet eher Anklang, als das, was ich heute gesagt habe.

Ohne Befreiung des Bildungswesens gibt es Revolutionen

Quelle: GA 196 [25], S. 288-289, 2/1992, 22.02.1920

Die Möglichkeit, daß Geistiges sich verbreite, wird nicht anders kommen als dadurch, daß das geistige Leben selbständig sich entwickelt. Sonst muß man immer in kleine Löchelchen hineinarbeiten, wie wir es bei der Waldorfschule machen mußten, weil das württembergische Schulgesetz eben noch dieses eine Loch gehabt hat, daß es möglich war, eine Waldorfschule einzurichten bloß nach geistigen Gesetzen, nach geistigen Prinzipien, das fast auf keinem andern

Fleck der Erde jetzt möglich wäre. Aber man kann ja dasjenige, was mit dem Geistesleben zusammenhängt, nur wirklich aus dem Geiste einrichten, wenn die andern beiden Glieder des sozialen Organismus nicht hineinsprechen, wenn wirklich nur aus dem Geistigen heraus die Dinge geholt werden.

Vorläufig geht die Tendenz des Zeitalters ganz dawider. Aber diese Tendenz des Zeitalters wird niemals damit rechnen, daß tatsächlich mit jeder neuen Generation immer mehr und mehr auf der Erde ein neues Geistesleben erscheinen wird. Ganz gleichgültig, ob man heute einen absolutistischen Staat oder eine Räterepublik errichtet, würde man mit solchen Einrichtungen fortfahren ohne das Bewußtsein, daß alles, was entsteht, dem Leben unterworfen ist und sich fortwährend umwandeln muß, auch durch Tode gehen muß, neue Gestalten, Metamorphosen durchmachen muß, dann würde man nichts anderes vorbereiten, als daß jedesmal die nächste Generation revolutionär wird, denn man würde ja nur für die Gegenwart, das, was man für die Gegenwart gut hält, dem sozialen Organismus einverleiben. Zu den Grundsätzen, welche in westlichen Gegenden noch sehr in die Phrase hineingeheimnißt sind, muß der kommen, den sozialen Organismus als ein Lebendiges anzusehen. Man sieht ihn als ein Lebendiges nur an, wenn man ihn in seiner Dreigliedrigkeit durchschaut. Daher liegt es gerade in der starken, in der furchtbaren, in der intensiven Verantwortlichkeit derjenigen, die durch die wirtschaftliche Begünstigung heute einen Imperialismus nahezu über die ganze Welt ausdehnen, sich bewußt zu werden, daß in diesen Imperialismus hineingegossen werden muß die Pflege eines wahren Geisteslebens. Als Hohn muß es empfunden werden, daß auf den Britischen Inseln ein Wirtschaftsreich über die ganze Welt gegründet wird, und daß man dann, wenn man besonders tief mystische Geistigkeit will, zu denjenigen geht, die man wirtschaftlich erobert hat, die man wirtschaftlich ausbeutet und diese Geistigkeit von ihnen nimmt. Man hat die Verpflichtung, von sich aus geistige Substanz in die äußere Gestalt des sozialen Organismus hineinfließen zu lassen [...]

Es gibt da nur ein Entweder-Oder: Entweder es bleibt das Bestreben im bloßen Wirtschaftsimperium, dann ist der sichere Untergang der irdischen Zivilisation die notwendige Folge - oder es wird Geist in dieses Wirtschaftsimperium hineingegossen, dann wird dasjenige erreicht, was mit der Erdenentwickelung eigentlich beabsichtigt war. Ich möchte sagen: Jeden Morgen sollte man sich das in ganz ernsthaftiger Weise vorhalten, und alle einzelnen Handlungen sollte man im Sinne dieses Impulses einrichten. Die Weltenstunde schlägt durchaus ernst in der Gegenwart. In furchtbarer Weise schlägt diese Weltenstunde ernst. Wir sind gewissermaßen im Höhepunkt der Phrasenhaftigkeit angelangt. Wir müssen in dem Zeitpunkt, in dem aus der Phrase ausgequetscht ist aller Inhalt, der einmal in die Menschen in anderer Art hereingekommen ist und der für heute keine Bedeutung hat, aufnehmen dasjenige, was in unser seelisches und soziales Leben wiederum wirklichen substantiellen Inhalt hineinbringen kann. Wir müssen uns klar darüber sein, daß dieses Entweder-Oder eigentlich jeder heute für sich selbst zu entscheiden hat und daß jeder mit seinen innersten Seelenkräften an dieser Entscheidung teilnehmen muß. Sonst lebt man eigentlich nicht die Angelegenheiten der Menschheit mit.

Literaturverzeichnis

[1] Steiner, Rudolf: *GA 300a - Konferenzen mit den Lehrern der Freien Waldorfschule 1919-1921.* Rudolf Steiner Verlag, Dornach, vierte Auflage, 1975. 81, 85, 161

[2] Steiner, Rudolf: *GA 300b - Konferenzen mit den Lehrern der Freien Waldorfschule 1921-1923.* Rudolf Steiner Verlag, Dornach, vierte Auflage, 1975. 111

[3] Steiner, Rudolf: *GA 300c - Konferenzen mit den Lehrern der Freien Waldorfschule 1923-1924. Register.* Rudolf Steiner Verlag, Dornach, vierte Auflage, 1975. 31, 82, 131, 145

[4] Steiner, Rudolf: *GA 23 - Die Kernpunkte der sozialen Frage in den Lebensnotwendigkeiten der Gegenwart und Zukunft.* Rudolf Steiner Verlag, Dornach, sechste Auflage, 1976. 127

[5] Steiner, Rudolf: *GA 328 - Die soziale Frage.* Rudolf Steiner Verlag, Dornach, erste Auflage, 1977. 22

[6] Steiner, Rudolf: *GA 304a - Anthroposophische Menschenkunde und Pädagogik.* Rudolf Steiner Verlag, Dornach, erste Auflage, 1979. 116

[7] Steiner, Rudolf: *GA 190 - Vergangenheits- und Zukunftsimpulse im sozialen Geschehen.* Rudolf Steiner Verlag, Dornach, dritte Auflage, 1980. 58, 146

[8] Steiner, Rudolf: *GA 298 - Rudolf Steiner in der Waldorfschule.* Rudolf Steiner Verlag, Dornach, zweite Auflage, 1980. 73, 163

[9] Steiner, Rudolf: *GA 24 - Aufsätze über die Dreigliederung*

des sozialen Organismus und zur Zeitlage 1915 bis 1921. Rudolf Steiner Verlag, Dornach, zweite Auflage, 1982. 98

[10] STEINER, RUDOLF: *GA 330 - Neugestaltung des sozialen Organismus.* Rudolf Steiner Verlag, Dornach, zweite Auflage, 1983. 24, 29, 88, 91, 94, 96, 105, 129

[11] STEINER, RUDOLF: *GA 334 - Vom Einheitsstaat zum dreigliedrigen sozialen Organismus.* Rudolf Steiner Verlag, Dornach, erste Auflage, 1983. 101, 134

[12] STEINER, RUDOLF: *GA 339 - Anthroposophie, soziale Dreigliederung und Redekunst. Orientierungskurs für die öffentliche Wirksamkeit mit besonderem Hinblick auf die Schweiz.* Rudolf Steiner Verlag, Dornach, dritte Auflage, 1984. 48, 52, 108, 110

[13] STEINER, RUDOLF: *GA 329 - Die Befreiung des Menschenwesens als Grundlage für eine soziale Neugestaltung. Altes Denken und neues soziales Wollen.* Rudolf Steiner Verlag, Dornach, erste Auflage, 1985. 39, 99, 125

[14] STEINER, RUDOLF: *GA 333 - Gedankenfreiheit und soziale Kräfte. Die sozialen Forderungen der Gegenwart und ihre praktische Verwirklichung.* Rudolf Steiner Verlag, Dornach, zweite Auflage, 1985. 96

[15] STEINER, RUDOLF: *GA 307 - Gegenwärtiges Geistesleben und Erziehung.* Rudolf Steiner Verlag, Dornach, fünfte Auflage, 1986. 122

[16] STEINER, RUDOLF: *GA 338 - Wie wirkt man für den Impuls der Dreigliederung des sozialen Organismus? Zwei Schulungskurse für Redner und aktive Vertreter des Dreigliederungsgedankens.* Rudolf Steiner Verlag, Dornach, vierte Auflage, 1986.

9, 27, 83, 84

[17] STEINER, RUDOLF: *GA 260a - Die Konstitution der Allgemeinen Anthroposophischen Gesellschaft und der Freien Hochschule für Geisteswissenschaft. Der Wiederaufbau des Goetheanum.* Rudolf Steiner Verlag, Dornach, zweite Auflage, 1987. 159

[18] STEINER, RUDOLF: *GA 303 - Die gesunde Entwickelung des Leiblich-Physischen als Grundlage der freien Entfaltung des Seelisch-Geistigen.* Rudolf Steiner Verlag, Dornach, vierte Auflage, 1987. 89

[19] STEINER, RUDOLF: *GA 257 - Anthroposophische Gemeinschaftsbildung.* Rudolf Steiner Verlag, Dornach, vierte Auflage, 1989. 114, 118

[20] STEINER, RUDOLF: *GA 306 - Die pädagogische Praxis vom Gesichtspunkte geisteswissenschaftlicher Menschenerkenntnis. Die Erziehung des Kindes und jüngeren Menschen.* Rudolf Steiner Verlag, Dornach, vierte Auflage, 1989. 117

[21] STEINER, RUDOLF: *GA 310 - Der pädagogische Wert der Menschenerkenntnis und der Kulturwert der Pädagogik.* Rudolf Steiner Verlag, Dornach, vierte Auflage, 1989. 104

[22] STEINER, RUDOLF: *GA 311 - Die Kunst des Erziehens aus dem Erfassen der Menschenwesenheit.* Rudolf Steiner Verlag, Dornach, fünfte Auflage, 1989. 112

[23] STEINER, RUDOLF: *GA 331 - Betriebsräte und Sozialisierung. Diskussionsabende mit den Arbeiterausschüssen der großen Betriebe Stuttgarts, 1919.* Rudolf Steiner Verlag, Dornach, erste Auflage, 1989. 33

[24] STEINER, RUDOLF: *GA 192 - Geisteswissenschaftliche Be-*

handlung sozialer und pädagogischer Fragen. Rudolf Steiner Verlag, Dornach, zweite Auflage, 1991. 142

[25] STEINER, RUDOLF: *GA 196 - Geistige und soziale Wandlungen in der Menschheitsentwickelung.* Rudolf Steiner Verlag, Dornach, zweite Auflage, 1992. 56, 78, 166

[26] STEINER, RUDOLF: *GA 260 - Die Weihnachtstagung zur Begründung der Allgemeinen Anthroposophischen Gesellschaft 1923/24. Grundsteinregung Vorträge und Ansprachen, Statutenberatung.* Rudolf Steiner Verlag, Dornach, fünfte Auflage, 1994. 155

[27] STEINER, RUDOLF: *GA 297a - Erziehung zum Leben.* Rudolf Steiner Verlag, Dornach, erste Auflage, 1998. 31, 76, 86

[28] STEINER, RUDOLF: *GA 337a - Vertiefung der Dreigliederungs-Idee, Band I. Studienabende des Bundes für Dreigliederung des sozialen Organismus 1919-1920.* Rudolf Steiner Verlag, Dornach, erste Auflage, 1999. 68, 79, 98, 135

[29] STEINER, RUDOLF: *GA 337b - Vertiefung der Dreigliederungs-Idee, Band II. Diskussionsabende des Schweizer Bundes für Dreigliederung des sozialen Organismus.* Rudolf Steiner Verlag, Dornach, erste Auflage, 1999. 28, 80, 140, 154

Förderer werden

Das Institut für soziale Dreigliederung lebt von Ihrer Spende. Bitte unterstützen Sie unsere weitere Arbeit, damit wir die Idee der sozialen Dreigliederung öffentlich verbreiten, ihre Vertiefung anregen, und mit praktischen Initiativen fördern können.

Kontoinhaber: Institut für Dreigliederung
Konto 1136056200
BLZ 43060967
IBAN: DE80430609671136056200
BIC: GENODEM1GLS
Bankinstitut: GLS-Bank

Spendenportal:
www.dreigliederung.de/institut/spenden.php

Da das Institut gemeinnützig ist, können Sie Ihre Spende von der Steuer absetzen. Geben Sie uns dazu über das Online-Spendenformular Name und Adresse an, damit wir Ihnen eine Spendebescheinigung ausstellen können.

Neuerscheinung: Wirtschaft und soziale Dreigliederung im Lehrplan der Waldorfschule

Wirtschaftliche Themen bilden einen Schwerpunkt in Rudolf Steiners „Lehrplan“ für die Waldorfschule und finden sich fächerübergreifend. Im Deutschunterricht etwa sollen anstatt moralisierender Geschichten wirtschaftliche Gutachten geübt, und im Mathematikunterricht soll die Zinsrechnung am Beispiel des Wertpapier-Handels erlernt werden. Spätestens bis zum 15. Lebensjahr, so Steiner, soll jeder Schüler die Buchführung beherrschen. Und im Werkunterricht soll nicht etwa zur Unterhaltung der Eltern, sondern für eine reale Nachfrage produziert werden. An einer Stelle im Protokoll heißt es sogar lapidar: „In der 7. und 8. Klasse könnte man das geben, was in den 'Kernpunkten der sozialen Frage' steht“.

Für die Broschüre „Wirtschaft und soziale Dreigliederung im Lehrplan der Waldorfschule“ wurden die entsprechenden Lehrplanempfehlungen Rudolf Steiners aus 13 verschiedenen Werken zusammengestellt. Vorwort und Kommentar von Johannes Mosmann. 88 Seiten, broschiert. Preis: 10 Euro.

Bestellbar unter www.dreigliederung.de

«Schriftenreihe Paradoxien»

Rudolf Steiner - Bedingungsloses Grundeinkommen?
Rudolf Steiner - Über die Steuerfrage
Rudolf Steiner - Über Arbeitslosigkeit
Rudolf Steiner - Über die Globalisierung
Rudolf Steiner - Was ist Geld?
Rudolf Steiner - Über Zins und alterndes Geld
Rudolf Steiner - Über die Bodenfrage
Rudolf Steiner - Der Boden ist keine Ware
Rudolf Steiner - Ursache und Wirkung der Bodenspekulation
Rudolf Steiner - Wirtschaft und soziale Dreigliederung im Lehrplan der Waldorfschule

Wirtschaft anders denken!

„Ich habe einmal meine besondere Freude gehabt, als mir einer unserer künstlerisch begabten Freunde sagte, dass man gewisse Vortragszyklen, rein durch ihren inneren Aufbau, in eine Symphonie umsetzen könnte. So etwas liegt auch tatsächlich gewissen Zyklen durch ihren Aufbau zugrunde. (...) Das ist aus dem Grunde möglich, weil der geisteswissenschaftliche Vortrag nicht tyrannisch wirken, sondern den Willen der Menschen wecken soll.“

Rudolf Steiner

Im Sommer 1922 entwickelt Rudolf Steiner vor einer kleinen Gruppe von Studenten der Volkswirtschaftslehre in einem zweiwöchigen Kurs zum letzten Mal in umfassender Weise seine Idee zur Dreigliederung des sozialen Organismus.

Dieser sog. „Nationalökonomische Kurs“ ist ein Gedankenkunstwerk. Will man in dieses Kunstwerk eintauchen, so darf man nicht bei den bloßen Gedankeninhalten stehenbleiben. Vielmehr sind diese Inhalte vergleichbar mit den Farben, die der Künstler bei der Gestaltung eines Bildes einsetzt. Erst wenn ich ein Verständnis für die Komposition der Farben entwickele, bekomme ich einen tieferen Zugang zu dem Bild. Ebenso bekommt einen tieferen Zugang zu den Gedankeninhalten Rudolf Steiners, wer sich aktiv mit deren Komposition auseinandersetzt.

Rudolf Steiner selbst hob am Ende des Kurses hervor, dass das Wichtigste sei, das diejenigen, die sich mit diesen Gedankeninhalten beschäftigen, *„darauf kommen, wie die Bildbegriffe, die hier entwickelt worden sind, eben im Verhältnis zu dem, was sonst entwickelt wird, ein Lebendiges darstellen.“*

In der Artikelserie werden die Gedanken, die Rudolf Steiner 1922 entwickelte, mit den Geschehnissen der Gegenwart verbunden. Der Leser bekommt somit durch das Sonderheft einen Zugang zu den aktuellen Fragen der Zeit.

In dem Sonderheft sind die Aufsätze zusammengefasst, die in ***die Drei*** in dem Zeitraum von 2011- 2014 erschienen sind. Sie widmen sich den ersten sieben Vorträge des Nationalökonomischen Kurses. Im April 2015 beginnt in ***die Drei*** eine Serie zu den Vorträgen 8 bis 14.

Bestellmöglichkeiten über

www.diedrei.org

E-Mail: leserservice@diedrei.org
Post: mercurial Publikationsgesellschaft.
Alt-Niederursel 45, 60439 Frankfurt

Telefon: 069-95776122
Fax: 069-58 23 58

Seminare zu diesem Thema können bei Interesse mit dem Autor vereinbart werden!

Stephan Eisenhut
Telefon: 069-58 23 01,
E-Mail: eisenhut@diedrei.org

Kontakt

Das Institut für soziale Dreigliederung wirkt für die Erforschung, Verbreitung und Förderung des Sozialimpulses Rudolf Steiners. Auf dreigliederung.de stellen wir zudem sämtliche Grundwerke, aktuelle Essays und Informationen über Dreigliederungs-Initiativen kostenlos zur Verfügung.

Wenn Sie Fragen haben oder nach Wegen der praktischen Mitwirkung suchen, freuen wir uns über Ihre Nachricht. Gerne kommen wir auch mit Ihnen ins persönliche Gespräch, in Ihrer Einrichtung oder in unserem Berliner Büro.

Sylvain Coiplet
Institut für soziale Dreigliederung
Liegnitzer Strasse 15
D-10999 Berlin

030-6807968943
institut@dreigliederung.de
www.dreigliederung.de